民法典编纂的历史之维

马小红　孙明春　/编

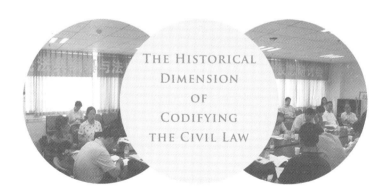

THE HISTORICAL
DIMENSION
OF
CODIFYING
THE CIVIL LAW

北京大学出版社
PEKING UNIVERSITY PRESS

图书在版编目(CIP)数据

民法典编纂的历史之维/马小红,孙明春编.—北京:北京大学出版社,2017.4
ISBN 978-7-301-28195-6

Ⅰ.①民… Ⅱ.①马… ②孙… Ⅲ.①民法—法典—法制史—研究—中国 Ⅳ.①D923.02

中国版本图书馆 CIP 数据核字(2017)第 056155 号

书　　名	民法典编纂的历史之维
	MINFADIAN BIANZUAN DE LISHI ZHIWEI
著作责任者	马小红　孙明春　编
责任编辑	李　铎
标准书号	ISBN 978-7-301-28195-6
出版发行	北京大学出版社
地　　址	北京市海淀区成府路 205 号　100871
网　　址	http://www.pup.cn
电子信箱	law@pup.pku.edu.cn
新浪微博	@北京大学出版社　@北大出版社法律图书
电　　话	邮购部 62752015　发行部 62750672　编辑部 62752027
印 刷 者	北京大学印刷厂
经 销 者	新华书店
	880 毫米×1230 毫米　A5　8.125 印张　137 千字
	2017 年 4 月第 1 版　2017 年 4 月第 1 次印刷
定　　价	32.00 元

未经许可,不得以任何方式复制或抄袭本书之部分或全部内容。
版权所有,侵权必究
举报电话:010-62752024　电子信箱:fd@pup.pku.edu.cn
图书如有印装质量问题,请与出版部联系,电话:010-62756370

本成果受到中国人民大学"中央高校建设世界一流大学(学科)和特色发展引导专项资金"支持

项目批准号:15XNLG06

序　言
在"民法典时刻"反思法史学科

民法关乎全体国民之日常生活，法律能否塑造良风美俗，主要看民法是否优良。然则，何谓民法之优良？如何达致优良？为制定优良的民法典，立法者及参与立法之法学家当持何种心态与知识？如何具有此种心态和知识？

回答这些问题是制定民法典所不可少之预备性工作。不幸的是，身在当下民法典制定过程中的立法者、民法学界，似乎很少考虑这些，而是直接进行法条起草，争相拿出自己的草案。我们正在经历的中国民法典之制定，在立法者、民法学界看来，完全是一项砌砖叠瓦的技术活儿，上述理论性思考则不必要。

但从旁观者的立场看，恐怕正是这一点，让中国民法典尚未出世，即已误入歧途。原因在于，中国民法学本身是不健康的，基本上是移植法学，法学教科书和论述中的民法体系几乎完全照搬自他国。由此,民法典立法过程也差不多就是把他国的法典条文照搬到中国。在立法过程中,学者们即便有所争论,甚至也间或有理论性争论,也不过是在争论法条拼凑之技术性方法而已。

理论法学理当于此刻发挥矫正作用,主要是法理学和法史学。然而,这两门学科同样未发挥作用,因为它们跟民法学得了同样的病。年初,徐爱国教授撰文慨叹《中国法理学的"死亡"》,看了这标题,我心中暗想:有过"中国法理学"么?它根本还没有出生呢,何来死亡?今日法学院课堂上教给学生的法理学,不过是万国法理学之拼凑,当然主要是苏俄法理学和西方法理学的奇异混合,两者之间还有莫名其妙的争斗。

至于法史学科,其基本学术范式也是以苏俄或者德法英美法律为典范,裁剪中国历史上之法律与法律思想,其基本判断是:中国在接触欧美法律之前,其实没有真正的法律,故历史性研究就是检点死物,以备博物馆陈列而已;先人之法律思考和时间,对当下之法学和法律生活没有意义,如果有,也是负面的障碍,当予以批判清理。此即所谓"法律东方主义"是也。

由此可以理解,法理、法史学界面对民法典编纂这样的历史性事件,何以保持了奇异的沉默。本来,民法典编纂是整个法学界的事情，是理论、历史发挥作用之良机，至少是理论发展的良机，但法理、法史学却无言。理论和历史无言，民法学培养出来的法律工程师们就凭着其狭窄的专业知识大胆施工，在中国大地上造作他者的法典。

然则，如此制定出来的民法典能否赢得国民的尊重？实施之后，能否收到国民"各正性命、保合太和"之效？能否为国人之生命成长创造良好环境？能否塑造良好社会秩序？说实在话，每见及民法典编纂轰轰烈烈之场景，笔者难免有忧惧之意，诗云："知我者谓我心忧，不知我者谓我何求。"

由此而有本次会议之发起、召开。我与中国人民大学法学院马小红教授联络，一拍即合，并确定这次会议从法史学科切入，讨论法史学科可为民法典编纂做些什么贡献。就我私意，当然是希望讨论法史学科如何将历史引入民法典，让民法典得以扎根于中国固有之法律传统，换言之，扎根于中国历史，扎根于中国文化。与会嘉宾对此多有论述，详见发言。

马小红教授后来告诉我，我在会议开幕致辞中即兴而说的一句话，在法史学科引起一定反响："如果法史学科在民法典编纂过程中不能发挥作用，那这个学科存在的价值何在？"法学终究是实践性学科，法史在法学体系中，同样有实践性指向,而民法典的制定是最为重大的法律实践,法史如果置身事外,则其学科之正当性确乎大有疑问。

借此机会,我想补充一句:如果法史学科要具备参与法律实践之能力,从而真正具有法学知识之品性,就必须自觉地摆脱历史主义。我不在法史专业,但出身历史学,据我对一般历史学与政治思想、制度史学之有限观察,妨碍当代中国历史性学科成长之最大障碍,正是历史主义。历史主义是一种基于线性时间观的现代观念,其基本命题是:历史就只是历史而已,对现实没有意义。这种观念弥漫于现代各种学科,而在中国,又与中西之辨混杂在一起,更为扭曲,其杀伤力也更大。

恐怕人们都已注意到,近些年来,在大文科各门学科中,历史学日益式微;历史学专业人士,对此则更有深切感触。而造成这种可悲现状的根源,正是历史学人自己,罪魁即是历史主义观念:中国历史,只是已成过去的历史,与当下之现实生活无关。这种观念恐怕也是法史学界之主流观念,据此法史研究者把自己限定于纯知识追求者,日益远离法律生活之现实。然而,一旦法史学科远离法律生活的现实,则其对部门法也就丧失意义,则其在整个法律教育体系中的地位日趋下降,也就是自然而然之事。法律教育永远不可能只是传授知识这样太过闲情逸致,它要培养服务于现实法律生活的法律人。既然法史学科自愿远离法律生活之现实，又何必指望以法律实践为志业的法学学生学习？

从现在起若干年内，中国法学将在"民法典时刻"中。我们召集此次会议，主要希望发出呼吁，呼吁民法典编纂扎根于中国历史和文明，立足于中国精神，再造中国风格，迈出重建中华法系之大步。而在此"民法典时刻"，会议对法史学科之自我反思或有所助益，则是意外的惊喜。

本次会议由马小红教授和我共同发起，弘道书院略有所贡献，而会议组织工作主要由马小红教授领导的中国人民大学法律文化研究中心承担。此次会议成果的出版，也全赖马小红教授之力。在此冒昧代表全体与会者，对马小红教授表示感谢。

姚中秋
丙申仲秋

目 录

第一部分 建构与展望

民法典编纂应坚持的几项论证规则　　　　　　　／王　轶 003
我国民法总则制定中的四个问题(节选)　　　　　／徐国栋 015
民事习惯在民事立法中的地位与价值　　　　　　／蒋传光 019
作为形式的法律：法典与格律　　　　　　　　　／胡水君 029
民法典、国民性与法律双向建构　　　　　　　　／田飞龙 037
中华民族伟大复兴大势中之民法典　　　　　　　／姚中秋 049

第二部分 回顾与反思

法律史与民法典
　　——波塔利斯、法哲学与拿破仑法典　　　　／石佳友 071

人格权在传统中国的法理依据与哲学根源　　　／张中秋 085
民国民法的制定：从"会通中西"到"比较立法"　　／张　生 089
法律史研究对民法编纂的意义　　　　　　　　　／邓建鹏 099
民国民法典编纂及其当下启示　　　　　　　　　／谢冬慧 111
从法史角度看民法典编纂　　　　　　　　　　　／顾文斌 121
近代以来民事习惯调查及对民法典编纂的启示　　／孙明春 127

附录：思考与争鸣

民法典编纂与法史研究反思研讨会会议记录　　　　　　／137
冰火相融：民法典编纂的历史视角与法史研究的破局尝试
　　　　　　　　　　　　　　　　　　　　　　／孙明春 177
中国法律评论·学术沙龙：民法典编纂与法史研究反思／205
编后记　　　　　　　　　　　　　　　　　　　／马小红 247

第一部分

建构与展望

民法典编纂应坚持的几项论证规则 / 王　轶
我国民法总则制定中的四个问题(节选) / 徐国栋
民事习惯在民事立法中的地位与价值 / 蒋传光
作为形式的法律:法典与格律 / 胡水君
民法典、国民性与法律双向建构 / 田飞龙
中华民族伟大复兴大势中之民法典 / 姚中秋

民法典编纂应坚持的几项论证规则

王 轶

王轶,法学博士,中国人民大学法学院教授、博士生导师、教育部长江学者特聘教授。兼任中国民法学研究会常务理事、秘书长;中国法学会民法典编纂项目领导小组成员、秘书长。研究方向:民法原理与民法学方法、民法总则、合同法、物权法、侵权责任法。主要著作:《民法原理与民法学方法》(法律出版社2009年版)、《物权变动论》(中国人民大学出版社2001年版)。主要论文:《民法价值判断问题的实体性论证规则》(《中国社会科学》2004年第6期)、《对中国民法学学术路向的初步思考》(《法制与社会发展》2006年第1期)、《论物权法的规范配置》(《中国法学》2007年第6期)、《论民事法律事实的类型区分》(《中国法学》2013年第1期)、《作为债之独立类型的法定补偿义务》(《法学研究》2014年第2期)。

我想简单谈一下民法典编纂中间要坚持的几项论证规则，之所以选择这样一个题目，也是跟参与民法典编纂有关讨论的一些感受有关系。因为在民法典编纂的过程当中，民法学界的内部对很多问题都存在着比较大的意见的分歧，我也用类型化的思考方法对民法学界围绕着民法典的编纂所存在的争议问题作了一个简单的梳理，发现民法学界到现在为止所讨论的话题，争论的问题，都是要落脚在民法典的规则设计上，在这个意义上我把它称为民法学问题中间的民法问题。凡是讨论的结论与民法规则的设计或者民法规则的适用直接相关的，就是存在正相关关系的这种，都称之为民法问题。

在民法问题中间，在民法学界既有的讨论中间，用类型化的思考方法来看，目前主要有以下几种类型的争议。第一，围绕着民法问题中间的价值判断问题所产生的争论。这些争论，所对应的民法的规则设计常常都跟针对冲突的利益关系，如何确立协调的策略，如何安排协调利益冲突的规则有着直接的关联。在民法所包含的法律规则里面，对冲突的利益关系进行协调的时候，所采用的协调策略主要是两种：一种是面对冲突的利益关系会作出利益的取舍，让有一些类型的利益得以实现，让有一些类型的利益不能够得以实现，这是一种协调的策略。另外一种协调的策略是面对冲突的利益关系，让有一些类型的利益优先得到实现，让有一些类型的利益序后得到实现。在民法典的编纂过程当中，这一类问题的讨论可以说是民法学界所关注的核心和重点问题。

我可以举一个例子，全国人大常委会已经在网站上公布了《民法总则（草案）》的全民征求意见稿，相信我们在座的老师和同学也注意到了。其中涉及认定民事法律行为绝对无效的规则，比较核心的主要是两个条文。一个是违反法律、行政法规的效力性强制性规定或者违背公序良俗，民事法律行为是绝对无效的；还有一个是恶意串通损害他人的合法权益，民事法律行为是绝对无效的。在设计民事法律行为绝对无效认定规则的时候，学界的争议是相当大的。因为认定民事法律行为绝对无效，就意味着无视民事主体自己的自主决定和独立的意志，绝对地不让当事人所进行的民事活动，按照当事人的预期去产生相应的法律后果。这可以说是动用国家公权力对民事主体的意思自治去进行干涉的最严厉的一种方式。刚才所提到的《民法总则（草案）》当中的这两项规则，其实在征求意见的过程当中都有相当大的意见分歧。有一种意见主张：违反法律、行政法规的效力性强制性规定或者违背公序良俗，这个应该是绝对无效的。而恶意串通损坏他人的合法权益，这个地方的"他人"如果是指特定民事主体的私人利益，这种无效不应该是绝对无效，而应该是相对合法权益被损害的民事主体无效。这到底是一种什么样的价值判断结论，其实到现在为止仍然存在不同的意见和看法。

面对这种民法典编纂过程中间出现的，民法问题中间的价值判断问题，究竟该如何去展开讨论，在座的各位老师和同学可能都知道，如果我们每个人都从自己的价值取向出发去表达对一个价值判断问题的看法，最后的结果很可能就是自说自话，不要说经由讨论形成一个具体的共识，可能达成讨论者相互之间的理解都会有相当大的困难。

在民法典编纂的过程当中，民法学界也形成了一个初步的共识，像这种民法问题中间的价值判断问题，大家还是主张首先应该用社会实证分析的方法去确定，进入这个问题的讨论者究竟有没有分享最低限度的价值共识。如果进入这个问题的讨论者根本没有分享最低限度的价值共识，大家觉得就这个问题做进一步讨论的空间和余地基本上就没有了,对这样的问题进行讨论的意义和价值也就基本上没有了。各自表达自己的意见和主张,其实也就是各自诉诸自己价值的偏好来表达自己的意见和主张。如果进入这个问题的讨论者能够找到最低限度的价值共识,大家还是主张以最低限度的价值共识为基本的出发点来确立讨论这种类型价值判断问题的论证负担规则,根据论证负担规则来确立究竟在这个问题的讨论过程中间,哪一些讨论者需要在第一轮法律论辩中提供足够充分且正当的理由。据我所知,在认定民事法律行为无效这个问题的讨论过程中,大家还是分享了一些最低限度的价值共识,即:动用国家公权力对民事主体的自由进行限制,在我们既往的民事立法、民事司法和民法学研究的过程中,都应该出于维护国家利益或者社会公共利益的需要。也就是说,出于维护公共利益的需要,才能够动用国家公权力对民事主体的自由进行限制。

这样一种最低限度的价值共识,包含着一项论证负担的责任:如果讨论者所坚持的价值判断结论是主张限制民事主体自由的,这样的讨论者就需要在第一轮的法律论辩中承担论证责任,要提出足够充分且正当的理由来证成自己的观点。这个足够充分且正当的理由就是,在这个地方有一个特定类型的国家利益或者社会公共利益的存在,因此能够证明自己对民事主体的自由进行限制的价值判断结论的正当性。

当然什么是国家利益，什么是社会公共利益，本身又是一个框架性概念。所以到底这个作为在第一轮法律论辩中间承担论证责任的讨论者，他所提出的理由是否达到足够充分且正当的程度，仍然需要在进一步的法律论辩中进行讨论。那就是要看围绕着公共利益，在既往的立法、司法和学界的讨论中间有没有存在一些最低限度的价值共识，再从这些最低限度的价值共识出发，去确定在第一轮法律论辩中间承担论证责任的讨论者所提出的理由是否达到了足够充分且正当的程度。所以在这种价值判断问题的讨论中，大家主张要有一个论证的规则：立法机关进行规则设计，没有足够充分且正当的理由，是不能够对民事主体的自由进行限制的。当然此处所指对民事主体的自由进行限制包含的内容比较广泛，比如介入民事主体的私人生活，比如干涉市场交易，比如剥夺或者限制私人的合法财产，都应该是属于这种类型的。当然民法问题中的价值判断问题不仅仅是这一种类型，我只是举了其中一个例子。在这个例子的讨论中，对民法学界来讲，大家形成很关键的一点认识就是，要想让一个民法问题中间价值判断问题的讨论能够得以展开，确定讨论者究竟分享了什么样的最低限度价值共识是一个基本的出发点。而这个最低限度的价值共识常常包含着一个论证责任的分担规则，背离最低限制价值共识的讨论者他就需要去承担相应的论证责任。这就是民法典编纂中间第一种类型争论的问题，这种问题其实在民法总则中的例子也是相当的多。

在民法典编纂的过程中第二种类型的争议问题，我注意到在《民法总则（草案）》审议的时候，好几个委员在发言的过程当中也涉及这方面。比如说有讨论者提出，究竟我们未来的民法典是民商合一的还是民商分立的民法典，我注意到常委会的组成人员里面就有人对此表达了自己的主张。另外对《民法总则（草案）》中间目前对法人所作的类型区分，是采取了营利性法人和非营利法人的区分方法，其实在常委会讨论的时候，也有人提出来是不是应该采取先分为公法人、私法人，私法人分为社团法人和财团法人，社团法人再分为营利性的、非营利性、中间型的社团法人这样的分类方法。

围绕着民商合一还是民商分立，以及法人的类型区分所展开的讨论，在我的心目当中主要是涉及立法技术的问题。采用不同的法人的类型区分方法，表达着不同的梳理与法人有关的规则的技术。对于民法问题中的立法技术问题，它的讨论跟民法问题中的价值判断问题的讨论就会有所区别。民法问题中立法技术问题的讨论,这里面要遵循一个什么样的讨论规则?在民法典编纂的过程中,民法学界讨论民法典功能的时候也有一个最低限度的共识,就是民法典主要是为裁判者提供裁判依据的,反射作用中有对民事主体进行行为指引的功能。如果民法典首先是给裁判者提供裁判依据的,民法问题中立法技术问题的讨论就必须与这一最低限度的共识结合起来,以确定哪一种立法技术的选择便利裁判者寻找对纠纷进行处理的裁判依据,哪一种立法技术的讨论结论就具有较高妥当性的立法技术。

哪种立法技术的安排是比较便于裁判者去寻找裁判依据的呢?符合一个国家、一个地区既有的法律传统的这种安排,就应当是便利裁判者寻找裁判依据的立法技术的安排,就应当是妥当程度相对较高的立法技术的讨论结论。一个国家、一个地区既有的法律传统,既包括立法传统,又包括司法传统,其实也包括法学教育的背景。因为我们今天无论是立法机关还是司法机关,特别是那些裁判者,主要是法学院培养出来的学生,所以立法传统、司法传统和法学教育背景的确定,对于何种立法技术的讨论结论是较为妥当的讨论,就具有比较重要的意义和价值。我们需要首先用社会实证分析的方法去确定:中国既有的立法传统,中国既有的司法传统,中国在某一个问题上既有的法学教育背景究竟是什么，我们才能够确定哪一种立法技术的讨论结论相对来讲妥当程度较高。与这样的一种认识相适应，背离既有的立法、司法传统和法学教育背景的讨论者就需要承担论证的责任，必须要提出足够充分且正当的理由来证明自己的观点，为什么要背离中国既有的立法、司法传统和法学教育的背景，转而采取一种新的立法技术的安排。像民法当中的立法技术问题，民商合一还是民商分立，法人的类型区分等很多问题的讨论中，其实都会涉及。这是我注意到的民法典编纂中间第二种类型存有争议的问题。

在民法典编纂的过程当中，第三种类型存有争议的问题，我也可以举一个例子。大家现在看到的《民法总则（草案）》征求意见稿里，用来表述以意思表示为核心要素的表示行为，用的词是"民事法律行为"。其实在座的老师和同学都知道，根据我国《民法通则》第55条的规定，民事法律行为仅仅是指满足了民事行为生效要件的民事行为，而《民法通则》用来表述以意思表示为核心要素的表示行为，用的是"民事行为"。其实在《民法总则》起草，包括民法典编纂的过程当中究竟用民事行为、法律行为、民事法律行为一直存在着意见分歧，这样的问题我把它称为民法问题中的解释选择问题。这是我们究竟用哪一个民法的范畴，用哪一个民法的概念和术语去表达我们所面对的生活世界的问题。就民法问题中间的解释选择问题的讨论,也不应当是一个自说自话的问题,每个人只要表达自己的意见和观点就够了,而是需要对自己的意见和观点展开相应的论证才可以。民法问题中间的解释选择问题怎么展开讨论呢?我觉得其实跟前面两种类型的处理也很相似,展开讨论之前,应当首先用社会实证分析的方法确定到底人们所分享,或者广泛分享的前见是什么。

以往在讨论具体的解释选择问题的时候,人们的前见究竟是什么,这个前见应当由什么来决定,我想是由一个国家、一个地区原有立法、司法传统和学术的讨论共识来进行决定的。既然《民法通则》已经用民事行为表述以意思表示为核心要素的表示行为,在没有足够充分且正当理由的情况下,《民法总则》起草、民法典的编纂是不应该改变《民法通则》上面的解释选择的结论的。当然我注意到在讨论的过程当中有人提出,我国台湾地区都是用的法律行为,祖国大陆怎么能够用民事行为?还有讨论者提出,最初用民事行为是在对德语进行翻译的时候翻译错了。这些是否构成足够充分且正当的理由?我想这些肯定不是足够充分且正当的理由,因为它不是我们既有前见的组成部分,不是我们既有的法律传统的组成部分。用这样的理由来证明自己的观点,你必须把它证成说是大多数人所广泛分享的前见,是我们既有传统的组成部分那才可以,这是民法问题中间的解释选择问题。

实际上这种讨论非常多,包括像法人的类型区分,从另外一个侧面来讲也涉及解释选择的问题。比如说《民法通则》对法人进行类型区分,把法人区分为企业法人、机关法人、社会团体法人、事业单位法人。现在这样的类型区分方法在《民法总则》当中也能够找到,但同时我们看到我们还给他另外一个名称,比如说营利性或者非营利性法人这样的称谓,这涉及如何去指称生活世界中间的特定现象,这个民法问题中的解释选择问题我想应该遵循同样的讨论规则。

当然在民法典编纂,包括《民法总则》起草的过程当中,还有很多是民法问题中的事实判断问题。比如说根据年龄把自然人划分为有民事行为能力的人和无民事行为能力的人,究竟是6周岁还是10周岁?在常委会讨论的时候,我注意到有委员提出,6周岁的孩子根本没有识别能力。有还是没有,我想首先要用社会实证分析的方法作出一个认定和判断。民法问题中事实判断问题的讨论应该是我们中国人常讲的"事实胜于雄辩",社会实证分析方法在这里面的应用,应该具有决定性的作用。

如果对刚才的四类问题的讨论规则作一个梳理，会发现跟法史的研究是密切相关的。法史可以告诉我们，究竟什么是中国既有的法律传统，什么是中国大多数人所分享的价值取向，什么是中国大多数人所分享的前见，什么是中国大多数人所分享的共识。这些问题的研究将对我们作出什么样的规则选择具有决定性的作用，因为我们都生活在历史当中。

我国民法总则制定中的四个问题
（节选）

徐国栋

••••

徐国栋，别号东海闲人。1961年生于湖南省益阳市。从1978年至1991年，在西南政法学院、中国政法大学、中国社会科学院研究生院先后获得学士、硕士、博士学位。并先后在江西大学、中南政法学院、厦门大学任教；在罗马第二大学和哥伦比亚大学访学。主研民法基础理论和罗马法。代表作为《民法基本原则解释——成文法局限性之克服》(中国政法大学出版社1992年版)、《人性论与市民法》(法律出版社2006年版)、《罗马私法要论——文本与分析》(科学出版社2007年版)、《民法总论》(高教出版社2007年版)。

徐国栋教授认为,关于《民法总则(草案)》除了自己写过或他人写过的问题外,还有以下四个问题:

第一个问题是关于大总则和小总则的问题。徐国栋教授主编的《绿色民法典草案》没有总则,因为他认为民法中能提取的"公因式"有限,用总则涵括整个民法难度非常大,因为人法和物法的理路极为不同。他文章里面列举了许多德国学者基于不同的理由反对制定民法总则的原因。接下来徐教授引用"中层理论",认为一些国家民法当中没有大总则,只有小总则。《荷兰民法典》和《智利民法典》是两个不同的小总则模式,前者只是提取物法的公因式,后者把法律行为制度纳入债法中。徐教授的建议是我国民法典编纂应缩小大总则规模,把无法涵括全部法典的制度放在小总则(二级总则)之中。这是他的第一个问题和观点。

在第二个问题中,他主要是澄清了自然人和法人的概念。学界对自然人的定义莫衷一是,历史上对法人的定义也很复杂,但事实上自然人的产生是由于观念人概念和法人概念倒逼出来的,是构造出来的一种具有权利意识的主体。法人是主体属性下与自然人对偶的剩余概念,立法者把他们愿意赋予主体资格的,不是自然人的团体或目的性财产都称之为法人。这是徐教授的第二个问题。

第三个问题是徐教授认为需要用公民概念代替自然人的概念,他列举了几个原因。首先,自然人的概念抽象,而且不容易理解,可以用人类人这个概念代替。其次,民法的身份性,或者说民事权利的享有是以政治共同体为边界的。再次,公民身份的不同,享受的权利也不同。他举了军人与平民、俗人与僧侣的例子。最后,徐教授认为公民下的子身份也会影响公民的权利能力,比如城市公民与农村公民,党员与非党员。基于以上原因他主张,多用公民概念,承认民法赋予大多人的并非人权而是公民权,也要承认公民权利的不同一性或不平等性。

第四个问题是关于"两户"的问题,"两户"是指个体工商户和农村承包经营户。因为在我国的民法中,家庭的另外一个称呼就是户,在我国的公法和私法中,户或明或暗都被作为法律关系的主体。我国法律上的户的特征有这几个方面:户成员之间有血缘或亲属关系;户成员相互依存,不独立;户成员的死亡,不会导致其缔结的法律关系消灭;户成员之间无需专门授权即可彼此代理;户成员之间类似全产合伙,不得异财。徐教授认为户是中国化的法律概念,但也存在一些问题,比如说个体工商户这个概念本身就是自相矛盾的,名为户,其实是个人的。所以他建议只把户的概念建立在血缘关系的基础上,消除名为户、实为个人的规定,并建立户的成员相互关系的规则。

(徐国栋教授因出国访学未能到会,其提交会议的论文由中国人民大学法学院博士研究生金欣代为宣读)

民事习惯在民事立法中的地位与价值

蒋传光

蒋传光,法学博士后,现为上海师范大学法政学院教授、博士生导师,中国法律思想史研究会副会长,中国法律史研究会理事,中国法理学研究会理事,中国外国法制史研究会理事,中国儒学与法律文化研究会常务理事,上海市法学会常务理事,上海市法学会法理法史学研究会副会长,上海市法学会比较法学研究会副会长,上海市法学会法社会学研究会副会长,上海市学位委员会第四届学科评议组成员。主要研究领域和方向为法理学、法社会学、法律文化。出版有《中国法律十二讲》《邓小平法制思想概论》《中国特色法治路径的理论探索》等著作,在《政法论坛》《法学家》《法制与社会发展》《环球法律评论》等刊物发表论文120余篇。承担教育部哲社重大课题攻关项目1项、国家社科项目2项,承担教育部等其他省部级项目10余项。

2014年,党的十八届四中全会《关于全面推进依法治国若干重大问题的决定》明确提出"加强市场法律制度建设,编纂民法典"。2015年民法典编纂被列入调整后的十二届全国人大常委会立法规划,从此民法典的起草工作紧锣密鼓地开始进行,目前民法典草案起草工作已经有阶段性的成果。我觉得民法典起草这件事情就像刚才很多老师所说的,意义是非常重大。民法典是"社会生活的百科全书",是民事领域法律规范系统化、体系化的最高形式。民法典的编纂工作,对完善我国的法律体系以及实现国家治理体系和治理能力现代化,应该说具有非常重要的历史意义和重大的现实意义。

就如同民族语言、习俗一样,民法典也深植于民族文化传统的土壤中。在民法典编纂过程中,应尊重中华民族的文化传统,彰显我们的民族精神、民族特色。其深层的法理依据在于,法律既是普适性的知识,更是一门地方性知识。民法典彰显我们的民族精神、民族特色的一个重要表现就是应当尊重民事习惯。民事习惯与国家制定法相互影响、相互渗透，构成一定社会的法律秩序。换句话说，民事习惯在我国传统社会和当下均发挥着重要作用。民事习惯不是一朝一夕形成的，往往经历了一个较长的发展过程。而民事习惯一旦形成，则有一定稳定性，能够持续在社会生活中发挥作用，反映人们的价值取向和道德观念。当今世界上制定了比较成熟民法典的国家，如法国、德国、日本等，都高度重视民事习惯的作用。

我下面主要介绍我所研究的"习惯在民法典编纂中的地位和价值"课题基本的思路和观点。首先我对民事习惯的特征进行了分析，选取一些具有代表性的国家和地区，比如德国、法国、日本和一些普通法国家以及我国晚清法律转型时期和民国时期的法律制度作为参照，主要考察了习惯在国家法律制度构建中的功能和作用，通过这种考察思考习惯在当代中国国家立法和司法中的价值和意义。在这个基础上，重点考察和梳理了民事习惯在大陆法系民法典中的地位及其体现。具体考察了民事习惯在《法国民法典》《德国民法典》《日本民法典》，包括我国台湾地区《民法典》当中的体现，较为系统地梳理了民法典当中的民事习惯的分布和内容，主要分布在亲属、物权、债权、婚姻和继承等内容中，不同国家和地区的法典，表现是不完全一样的。在这个基础上分析了各个民法典吸收民事习惯的原因,以及民事习惯对民事立法的意义和价值。

同时也梳理了民事习惯在我国法律,比如说《物权法》《合同法》以及《婚姻法》司法解释当中的体现,包括民事习惯在我国民事司法当中的适用等,提出了我国民法典应当吸取民事习惯的建议,包括民法典制定吸收民事习惯的可能性的分析、路径和内容等。

在以上研究的基础上,我的核心观点主要是以下方面:

通过考察梳理具有代表性的国家和地区以及我国近代以来的民事立法,可以发现对于现代法律体系而言,无论是大陆法系还是英美法系,习惯都经历过了从相对分散的地方习惯法向较为统一、规范的法律系统转变的同一过程。这种较为统一、规范的法律体系的表现形式不但包括了法典形式,也包括了判例汇编的形式。在这种法律多样化形式的背后,体现了法律的产生必须以客观事实为基础,以事物的必然性为依据的立法规律,就如同马克思所说的:"立法者应该把自己看做一个自然科学家。他不是在制造法律,不是在发明法律,而仅仅是在表述法律,他把精神关系的内在规律表现在有意识的现行法律之中。如果一个立法者用自己的臆想来代替事物的本质,那么我们就应该责备他极端任性。"①

民事习惯入法的历史历程,以及现今习惯在立法和司法中地位和价值,对我们重视和加强民事习惯的研究,思考民事习惯对我国国家法的法源意义有一定的借鉴和参考。中国的法治之路除了借鉴人类法治文明的成果之外,还应该注重中国的本土资源,注重中国传统的法律资源和当今时代下发展形成的新本土资源。

1. 当代立法应把习惯作为国家法的法源

在中国特色法律体系虽已建成但还需继续完善的情况下,重视习惯的国家法法源地位仍有重要意义。中国特色社会主义法律体系的建立和完善,需要继续不断地学习和借鉴国外的法律制度和立法经验,但更重要的还是要关注本国的法律实践,立足本国的法律文化传统。本国法律文化传统的一个重要内容就是民间习惯。目前,我国民间习惯的存在表现为两种形式,一是传统法律文化制度和观念的遗存,二是在不断发展变化的社会中形成的各种新的习惯和惯例。中华法制文明源远流长,对世界法制文明也做出了自己的贡献。中国的传统法律文化中有糟粕,但无论在思想层面还是制度层面,也有许多值得我们今天汲取的

---

① 马克思:《论婚姻法草案》,载《马克思恩格斯全集》第1卷,人民出版社1956年版,第183页。

精华。

中华法制文明给我们提供了丰富的本土法律文化资源。与此同时,随着社会的发展变化,在社会生活中又会不断形成各种新的习惯和惯例,这些凝结着各种生活智慧、散见于社会生活中的民间习惯规则,也是当下我们进行本土法律文化资源研究的重点。

之所以强调重视习惯的国家法法源地位,其理由在于:第一,习惯体现了文化的亲缘性。这种亲缘性表现为习惯是长期自发形成的,具有文化的同构性。习惯容易获得民间以及本民族的认同感,有着更好的社会公众基础和文化认可度。以习惯为基础的法律容易为社会公众所自觉遵守,可以有效降低法律运行成本。第二,习惯可以弥补法律存在的漏洞。法律具有滞后性和概括性的特点,这就决定了其不可能事无巨细地涵盖和包罗社会生活中的方方面面,因而法律漏洞的存在在法律实践中是一种常态。习惯的存在,可以有效地弥补国家法在规范社会秩序时的不足。通过确认习惯的法源地位,在国家法缺失的地方,民间习惯可以发挥补救的功能。

2. 当代立法应重视习惯的调查

中国的法律制度,以欧洲大陆法为蓝本,在实现由传统向近代转型的过程中,就非常重视民间习惯的价值和功能。派员出国考察国外法制,聘请外国法律专家充当顾问,调查国内民情、商情,是晚清变法修律遵循的方针。在制定《钦定大清商律》《大清民律草案》的过程中,对国内民商事习惯进行调查,以编订民商事法典,是立法活动的重要组成部分。"求最适于中国民情之法则",是制定大清民商律草案时贯彻的重要原则之一,以此做到外来法与传统法的有机衔接。清末的习惯调查因清廷被推翻而中止。

民国时期曾有过三次大规模的民商事习惯调查的整理和编纂活动。清末和民国时期的民商事习惯调查对《大清民律草案》的制定,以及民国时期和其后台湾地区的立法、司法都产生了一定的影响和作用,尤其是在当时的商法领域体现得更加明显。

在我国现有法律制度体系中,虽然没有明确习惯的正式法律渊源地位,但习惯入法在我国立法中也有体现。如在民商事法律中有一些关于习惯的规定,如在我国《合同法》里,有很多关于"交易习惯"的条文。我国《物权法》第85条也规定"法律、法规对处理相邻关系有规定的,依照其规定;法律、法规没有规定的,可以按照当地习惯",明确了习惯在法律空缺的情况下可以被适用。

综上,在我国法律体系的构建过程中,尤其在民商事法律领域,要制定出根植民情、立足民族文化的民商事法典,对民商事习惯进行调查、梳理和统计，是非常必要的。为此，可以借鉴日本国立国会图书馆及所属调查和立法考查局的经验，成立专门的立法调查机构，对民间和民族习惯进行深入细致的调查，并对习惯调查结果进行整理、统计和提炼，为人大立法提供参考意见。

3. 构建民商事法律关系中的习惯规则确认程序

关于习惯法律地位的具体规定及其应用，主要体现在民商法等私法领域。在具体的司法实践中，习惯具有弥补法律体系局限性的功能。但习惯作为法律的补充并不意味着具有随意性。有学者指出，在国家存在法律明文规定的情况下，就适用国家法律来规范人们的行为或者进行审判，在法律缺失或者不明确的情况下，我们就要用司法解释。这里的司法解释是由最高法院和最高检察院发布的司法解释。在法律和司法解释都不存在的情况下也可以适用国家政策，没国家政策的情况下也可以依据习惯。习惯作为法律渊源在司法实践中的适用，要通过程序法上的设置，要建立和完善习惯法的确认程序。

首先，要明确习惯认定的要件。在中华民国建立初期，就曾通过民事审判判例确立习惯法的成立要件。当下我国完全可以继承民国时期的做法，在民商事领域形成民事习惯的认定要件。

其次，设立民商事法律习惯确认程序。我国台湾地区现今的法律体系中关于习惯在司法程序上的确认，也基本延续了民国时期程序认定的相关特性。我国台湾地区确认习惯法的做法，祖国大陆也可以借鉴。事实上，我国将习惯引入审判工作在有些地方法院已有探索。这些探索为全国将来构建民商事关系中的习惯确认程序和运用打下了坚实的理论和实践基础。

无论从理念的角度来讲，还是从价值的角度来讲，我认为我国立法，特别是民事立法应该重视加强对民间习惯的研究，思考民间习惯作为我国国家法法源的意义。

作为形式的法律：法典与格律

胡水君

....

胡水君，法学博士，中国社会科学院法学研究所研究员、法理研究室主任。主要研究法理学，法律与政治哲学、中国文化。著有《法律的政治分析》《法律与社会权力》《内圣外王：法治的人文道路》等。

中国民法典的编纂,从法律史研究那里究竟能获得怎样的启示,这对我来说仍是值得思考的问题。对民法典的编纂,对法律史研究,我都是外行,只能讲一些外行话,不对的地方请批评指正。

我想从格律谈起。历史地看,中国既是道德国度,也是文学国度、诗的国度。中国的诗达到很高成就,进入鼎盛时期,当在唐宋,而这也是格律兴起之时。我觉得,格律与诗的繁荣、诗的文明,有正相关的关系。近代以后,格律一直受到批评,到现在懂作格律诗的人已不多见,诗的文明看上去也就明显衰落下去了。不讲格律的现代诗歌,缺乏形式规范,从长远看其实很难传承,特别是不适合像格律诗那样以条幅字画的形式传承。法典与格律,我觉得很相似。格律这种形式促成了诗的文明,现在中国正在兴起的文明,则特别需要法律或法典这种形式。

接下来,我想从四个方面作进一步的展开。

一是法典制定的现实背景。中共十八届四中全会出台了一个关于依法治国的重要决议。这个决议制定了一百多条举措,包括编纂民法典,非常具体。我总在想,这些具体举措的后面,有没有更宏观的思考?因为这几年时常要学习总书记的讲话,我翻阅了相关的书,发现宏观方面其实也是有的。我觉得,中国法治目前处在传统、现代与现实之间,传统、现代与现实这三个方面都需要处理好。传统方面,对中国传统文化的偏爱,看上去是习总书记讲话中十分具有个性的突出特点,他甚至讲中国特色社会主义植根于中国文化。现代方面,习总书记从人类文明的角度,讲到法治精髓和要旨具有普遍意义,中国要借鉴世界优秀法治文明成果。现实方面,坚持和深化改革开放,其实是中央全会和习总书记讲话,包括"七一讲话",一再强调和释放的信息。中国的法治建设,直接推动力在改革开放,主要是改革开放以来的事情。改革开放对于法治建设,既可说是基本背景,也可说是坚强的意识形态。接续传统,深化现代,协调社会中的反传统、反现代性、反改革开放话语,都要靠改革开放。沿着改革开放往前看,中国的发展目标是要在本世纪中叶"基本实现现代化"。编纂民法典,应该放在这样一种现代化、全球化的背景下作长远筹划。在此背景下,可以说,中国是世界的大市场,世界也是中国的大市场,民法典应该成为中国与世界自由交往、自由贸易的一种畅通便利的普遍形式。

二是法典制定的学理基础。讲现代化，需要特别留意现代性。现代性，在伯尔曼的《法律与革命》中，首先是从法律上讲起的。所谓近代或现代，其标志在于独立的法律体系、独立的司法体系、独立的法律知识体系以及独立的法律职业群体的出现。这些，在改革开放以来的中国法律界其实也有越来越多的显现。卢曼讲现代性，也是从这个独立体系的角度讲。他提到现代社会是分化的社会，分出很多的子系统，政治和法律系统不再像传统社会那样，受到道德理论或宗教的束缚，而是作为自治体系独立存在。这是现代性特点。梅因在《古代法》中专门讲到了法典，也是从这一角度讲。在他看来，传统社会是受宗教和道德束缚的社会，现代社会则是一个进步的社会，法典摆脱道德理论和宗教的束缚后，通过弥合法律与社会之间的缝隙，促进了社会的发展。可以说，现代法理论，主要是从人，从人的理性出发，而不再从道德理论或宗教出发。所以，现代化在韦伯的理论中与祛魅化和理性化是高度一致的。就像格律采取的是艺术路径而不是道德路径一样，现代法典适合主要采取理性路径，而不是道德路径或宗教路径。

三是法典制定的基本观念。法律现代性，除了自治体系特点之外，还有一个特点，就是现代法主要表现为形式体系,越来越成为一种形式。在法理学中,关于法律与自由、法律与社会发展之间的关系,存在针锋相对的观点。有人认为法律制约自由、限制文明,有人则认为法律保障自由、促进文明。这些看法,实际上与法律的性质有关。在性质上,现代法有不同传统社会的法律的特质。这集中表现在,现代法主要成为抽象的普遍形式或规则,而不再是受到实质理论主导的规定。哈耶克对"法"与"立法"的区分,讲出了这层意思。他在《致命的自负》中提到,在小群体或部落社会中,规则通常受到本能的道德观念束缚,很难普遍适用于群体之外的成员,由此限制了社会向外扩展;而在大社会、开放社会乃至全球社会中,秩序是向外持续扩展的,与之相联系的规则是抽象的、普遍的、形式的,这有利于不同陌生人之间客观的相互交往。在这一点上,现代法典也像格律那样,走的不是道德化或实质化路径,而是形式化路径。格律并不规定诗的实质内容,而是赋予诗的内容以一种生产形式,这种形式能够促进诗的内容的广泛生产。现代法典的功能与此其实很相似,它要通过自身一般形式,促成基于自由意志的社会内容的丰富生产。

　　法典与格律,都旨在通过一种形式而达成内容的丰富和扩展。格律这种形式促成诗的文明和诗的体系,法典这种形式则促成现代商业文明、政治文明和社会文明。格律在现代人看来可能有点难,但在古代它其实只是一种七八岁小孩即会灵活使用的小技巧。同样,现代法典虽然不可避免地需要专家知识,但在基本方面它也需要具备如格律那样的小技巧。也就是,民法典应有可能让普通民众形成一种简单可用的基本观念,简便地知道民法典究竟是干什么用的。在现代语境下,这种原则或观念可简要归结为,只要无害他人,或者只要不伤天害理,都可去做。民法典最前面的部分,应便于人们形成这样一种简单易行的观念。如此,民法典才会最终形成自由的意志体系,自由的交易体系,自由的生活体系。

四是法典制定的传统衔接。传统文化自"冷战"结束以来逐渐出现出复兴态势。法治建设在中国看上去也有一个文化传统的维度。只是,中国的建设和发展究竟该怎样讲传统?我觉得,传统在现代的生发大致存在三种情形。一是在现代难以再被接受的传统形式或民族形式,如君主政制、纲常礼制等。二是在现代仍可能作为选择的传统形式或民族形式,如治理方法、建筑式样等。三是既与传统体系相容,也与现代体系不矛盾的道体或心体。从后两方面看,民法典与文化传统宜有所区分,采取先分后合的路径。也就是,民法典宜有一个道德、宗教、民俗、学理等的外围,公民在民法典与这些外围之间可自由出入,既可选择民法典的行为方式,也可在法律容许的条件下自由选择民法典之外的行为方式。这就犹如人可以作格律诗,也可选择不作格律诗一样,公民既可以民法典规定的方式从事民事行为,也可选择像理学家、宗教徒那样以道德或宗教情怀自行其是。就民法典与其外围的这种格局看,民法典编纂可考虑通过一些措辞,为司法官在法律与道德、习俗、学理之间的边缘地带处理实际问题留出足够裁量空间。例如,立法可在目的上采用"老有所养,幼有所教,家族和睦,邻里友善,人际和谐"等措辞,在具体规定中采用"孝养父母"等措辞,为"家""孝""和"等传统观念在社会和文化层面的自觉自主传承留出余地和可能。

民法典、国民性与法律双向建构

田飞龙

• • • •

田飞龙，北京航空航天大学高研院、法学院副教授，硕士生导师，北京大学法学博士，香港大学法律学院访问学者（Leslie Wright Fellow，2014—2015）。主要研究方向为宪法与政治理论、行政程序法、港澳基本法，主要社会兼职为北京市人民政府行政复议委员会专家委员、中国人民大学台湾法律问题研究所研究员、南开大学台港澳法研究中心客座研究员以及深圳大学港澳基本法研究中心兼职研究员。出版有专著《现代中国的法治之路》（合著）《香港政改观察》《中国宪制转型的政治宪法原理》3部，译著有《联邦制导论》《人的权利》《理性时代》《宪法为何重要》《卢梭立宪学文选》《美国革命的宪法观》等8部，在《法学》《环球法律评论》《法学评论》《政治与法律》《读书》等核心期刊发表专业论文10余篇。

今天讨论民法典与法史之间的互动关系,这个问题本身实际上是一个我国法律现代化进程当中的结构化的问题,所以我觉得特别重要,也作了一些思考,准备跟大家分享。

我觉得今天这个议题要回答两个问题:第一,中国自有的法史传统如何进入立法的问题,即如何对法史进行"救死扶伤",使得它能够进入当代的立法;第二,我们的立法如何面对民族公共生活的问题。刚才王轶老师提到了社会实证方法在立法当中的应用,我非常赞同,实际上王轶教授最后所表达的立法对民族公共生活的尊重与谦卑之心态,也是当代立法心态矫正的非常重要的维度。

我所谈的实际上是从整个20世纪以来,从我们的立法与法史中断的那一刻开始进行的一些反思和思考。我觉得中国法史从作为生动活泼的民族公共生活传统而与后来的立法以及政治生活脱节,是从国民性批判或者从20世纪革命运动开始的。国民性批判的本质是一种文化批判,是要切断传统对生活的支配正当性，以一种对传统以及既有生活的形态进行格式化的方式，建立一种来自西方的普世的法制。所以在消极方面是要否定既有传统对民族法律生活支配的正当性，在积极方面则进行一个西式启蒙，进行一个系统的更换重装。

这一转型政治的后果表现为两个方面：一方面是革命的激进主义，从政治革命到社会革命再到文化革命，其所留下的后遗症至今难以消除；另一方面是立法中心主义，这种立法中心主义其实推崇的是一种实证主义法学的观念，认为主权权能就能够塑造并且解决民族公共生活当中的各种疑难问题。这种立法中心主义不仅在改革之初的30年，而且在改革之后的30年继续得到延续，以至于今天当我们面对任何涉及价值或者涉及事实规制的法律政策问题的时候，无论是官员还是学者还是一般的老百姓，都会习惯性地想到我们法律体系当中还缺哪一部法。最后提出的建议都是别出心裁，建立一部什么法律并且提供该法的建议稿，而并没有像王轶老师所说的对现有法制以及法律传统的解读和充分的解释。这样经常别出心裁地不断增加法律，并且将新法律与自己的参与工作之间联系起来以标榜自己的学术地位和影响力。我觉得这样一种做法实际上就是立法中心主义权力中心观在学者当中的体现。

立法中心主义有两个核心的要素来支撑它的权威性，一个是权力，一个是知识。在新中国历史上，权力和知识的关系可分为三阶段。第一个阶段当然是一种权力的傲慢，权力对知识的排斥，表现出对国民党时代亦即旧时代、旧传统之下的知识分子尤其是法律知识分子的鄙视；第二个阶段是权力对知识的改造，各种社会批判与教育形式出现了；第三个阶段是改革开放之后出现的权力和知识的共谋，这种共谋以政治决断的核心意图为核心，以法律工具作为包装的技术去实现具体改革的目标。这里面缺乏对传统的对话意识，也缺乏对民意及民主的吸纳意识。而以这样的权力和知识的合谋作为主要模式的立法工作，造成了在改革开放以来以民法立法为典型的立法中心主义。在20世纪80年代我们知道有经济法和民法之争，20世纪90年代的合同法，2006年记得特别清楚的《物权法》草案争议，后来2008年有《劳动合同法》的争议，现在有民法典。这里面实际工作模式比较简单，就是一个政治决断和专家话语的耦合，从耦合里面满足双方基本的需求，就是法律类的总政绩工程和学术地位的定型定格相结合。

这里面我之所以讲到这一块，我试图指出民法典立法——当然不限于民法典，其他的立法也存在——存在一个公众参与的缺失。这种缺失导致了我们本身对法史和民族传统法律的对话的缺失，以及对当下之民意与民主的吸纳的缺失。这里面我试图指出，专家与大众实际上在支撑整个立法工程过程当中有一个知识性的或者优势的差异，专家其实擅长的是对事实问题进行判断，对技术方案进行设计，解决立法技术的问题，是一个把既有的意图、既有的社会事实以及既有的价值判断转化为精当的立法语言的安排过程。既往我们对传统对话的缺失以及对民意吸纳的缺失，导致作为前提问题的价值问题通常也由专家、政治家进行包揽，这样就造成立法与我们的传统以及我们当下生活的实践相脱节，所以专家理性在立法中也有局限性。真正在立法当中涉及价值判断问题时，涉及实践理性问题时，确实需要通过像王轶老师所说的社会实证的方法，通过公众参与的方式，通过开门立法的方式，不仅要发布所谓的《民法总则》全民征求意见稿的形式，而且要对意见进行分类处理，并且回馈、公开吸纳意见结果的方式，必须有一种反馈机制。我原来硕士读行政法，作公众参与的研究，发现大量的公众参与沦为"走过场"，在网上挂一下，然后说我们征求了多少条意见，这样的一种立法的公众参与缺乏实效性。大众存在的在价值问题上的知识优势，决定了专家存在的必要性和限度，也决定了公众参与的正当性。

我报告的第二部分讲民法典的基本法属性和公众参与

的必要性。在民法典讨论当中以及改革开放以来的民事立法当中，经常会涉及宪法与民法学者的对话，2006年的《物权法》草案争议中尤其明显。到底民法是母法，还是宪法是母法？我想指出一点，实际上在现代法律体系当中，尤其是在近代资产阶级普遍立宪之后的法律体系当中就存在两个基本法，一个是民法，一个是宪法。但是在宪法和民法关系里，宪法又是笼罩民法的，也就是说民法被嵌入到政治国家的体系，民法不再是指导市民社会、依托城邦、自治较高程度的自治法，而是处在授权和自治相平衡状态的新的民法。

这个问题在不同的法律阶段有不同的结论。在政治国家主权或者立宪未完成的时候，尤其在城邦国家时代，在中世纪中后期的商法和城市自治法的时代，可以讲民法帝国主义，但是在现代立宪民族国家建立以后，民法只是宪法所统摄的现代法律体系的一部分。因此民事立法当然以宪法为根据，民法典的立法比如说所有制和所有权怎么可能突破宪法当中已经确定了的框架，怎么可能突破来自于革命正当性以及基于革命正当性的制宪权动用的结果？所以民法中确定的财产权的类型和合法性绝对不是来自于宽泛的普适价值或联合国的《国际人权公约》等，而是来自中国《宪法》当中的财产权的基础。所以"宪法根据说"实际上要普遍成为民事立法要思考和对话的对象,而《宪法》当中储备的丰富的基本权利的规范资源也需要转化为民法典立法当中的权利条款。并且随着我国的违宪审查制度等制度的完善,未来的民事司法中的民事解释与《宪法》之间一定会形成更加密切的互动关系。

就立法这一段来讲,我觉得公众参与是值得推出的一个概念。因为在我国目前的代表制民主之正当性欠缺以及人大代表很难成为专职代表的情况下,它是法律公共性的重要的输入机制。这种输入机制可以弥补人大代表代表性的不足。我们都知道,现在这样一种选举,人大代表的专职性和政治机构受监督的程度都很难保证其所投票和所进行的审议具有民主正当性,而一定程度的依法律的公众参与能够弥补这样的缺陷。

此外,我们还能够通过公众参与对专家理性进行一种矫正,防止专家僭越技术性层面去垄断,或者武断确定了一些立法当中的基本目标和价值。公众参与大概在三个方向上能够推进民法典的立法的正当性和民族生活实践的吸纳,能够把多元化的、仍然存在的、生动活泼的民事生活习惯输入进去,使我们的民法典成为民族公共生活的写真,或者一个反映,而不是对既有传统的格式化和消除。民法典反映了我们的民族生活习惯,背后实际上反映了多民族国家的生活文化传统的多样性，民法典必须不能与民族多元的生活为敌，而是要尊重它，吸纳它，转换它，保护它。

再一个是民事立法目标的学习与商谈。因为中国的民法典不同于其他任何一个国家的民法典，它具有开放性，具有为世界提供一定的治理启示的意义。所以它不能仅仅是机械性地模仿某一个比较法输入端的既成模式，而必须要注意到国家发展进程对民法知识和民法体系的需要。比如说我们目前正在开展的"一带一路"和亚投行体系建设，我们所建立的这种跨国家的法律秩序，我们要建立的所谓命运共同体法律框架，都需要我们的民法典承担一定的功能和远见。因此，我们怎么样去处理中国的民法典与中国的民族国家崛起之间的关系，它怎么样既有一定的表达和引导，又为未来容留必要的空间，确实是很大的挑战。所以中国的民法典不能仅仅建立在中国古典法和比较法的基础上，他还要有一定的区域法意识和概念，实际上为未来中国的跨国家法律秩序的建构预留一定的空间，提供一定的引导。

我发言的第三部分是讲民法典的文明负担与合题的取向。民法典的立法，包括我们的宪法典在改革开放以来法典化与修正的进程，表明我们对20世纪的革命激进主义进行了一个规范化的转化和对冲，构成一个逐渐定型的新的政治经济秩序。这里面我想确定一个基本的共识或者概念,这种共识或概念通常很难在部门法内部的学者或者立法的讨论当中被意识到和觉察到,就是文明高于立法的概念,这是一个来自普通法经验的保守主义的概念。

优良立法是对文明传统及其实践理性的尊重和模仿,而不能是对民族共同生活传统及其文明的颠覆、篡改以及格式化,要坚持一种有限理性下的有限建构论,为经验和演化留下一个空间。我本人基于对宪法思想史的兴趣,近些年对英国宪法以及苏格兰启蒙运动的传统有所阅读和思考,体会到普通法以及苏格兰启蒙相对于法兰西启蒙,其背后隐藏着非常深刻的对社会的尊重,对于把社会原子化、还原成个体的法兰西式启蒙世界观有一种质疑,对人的乐观设计美好社会及切断与传统和秩序的联系有一种质疑。因此,我是觉得普通法和苏格兰启蒙运动的保守的资源能够较好地矫正一百多年来我们不断革命所带来的革命激进主义和立法中心主义对纯粹欧陆传统的偏颇,重新尊重民族的共同生活和实践理性,所以文明高于立法要转换成我们具体立法工作中的基本信条。刚才王轶老师所说,在民法典立法中涉及确定具体的一种解释选择或者是立法选择时要进行社会实证分析,我很同意。我们要把这样一种判断权和确定权留给民意,留给民主的过程,而不能由学者想当然，也不能由政治家进行一个拍脑袋决策。

民法典的时代使命大概有四个方面。

第一是重建社会价值与社会秩序。新中国建立后的30年，在革命不断的冲击之下，实际上社会某些方面已经被摧残了，所以我们这个时代的民法典首先是重建社会，反击一种激进主义。我们知道，中国的基层社会面临着两方面的侵蚀，这种侵蚀让社会的自主性和社会自治始终无法扎根。一种侵蚀来自国家主义，对整个乡村秩序、城乡秩序的侵蚀，城镇化的单纯的经济目标进一步摧毁了农村社会；另外一种侵蚀是农村基层的精神秩序的亏空化，以及社会的半社会化。精神秩序的亏空化，随着共产主义信仰的缺失，宗教信仰兴起，掏空了我们基层社会的精神秩序。所谓的农村社会的半社会化是指留守现象的规模化出现，城市对于农村的人力资源以及财富超限的汲取，导致农村的加速衰败。这些问题应该进入我们城市知识分子的视野，让我们思考今天的民法典怎么去保护和恢复中国社会的基本价值和存在。

第二，我们的民法典一定要去肯定"家"的民事主体地位及其伦理和治理功能。家不是简单的一个生产单元和契约共同体。家是一个伦理和治理的共同体，家也是中国的文明托身基层精神秩序获得维护的基本单元，这在我们的传统文化当中,在我们现实当中,仍然有这种可欲性。

第三,民法典要保持对未来的谦抑,保持对一些核心命题判断上的余地。就是要有必要的延迟决断,不要把话说满,不要把条款设计得太死,既要为时代提供价值和制度指引,又要为创新变革保留必要的空间。比如说互联网的发展,我们超国家的金融以及区域民事法律的发展,都需要我们民法典给出适当的引导框架,同时留下余地,给司法,给将来的政治过程以创新的空间。

第四,民法典是历史的综合,它需要对古典的法制传统和今天的经验,同时给出理解和智慧的沟通。它不固守激进主义立法的权力和知识的合谋,而是要坚持一种现代性的立场,要把握民事立法的历史性与时代性的平衡。

最后我用四句话作一个总结,来表达我对在中国民法典以及一般立法当中的法史传统复兴与扩展的希望。第一,民法典的大历史观:我们要放宽理性判断的时间尺度和经验范围,立足比较法和中国法两个基础去考虑一切中国当代立法问题。第二,活的中国法传统:罗马法可以复兴,中国法也可以,复兴不是简单的复辟,而是尊重、对话和整合。第三,中国法律史研究要聚焦或者侧重"救死扶伤",对民族生活传统进行诊断治疗和固本。第四,法律史要作为民法典以及今后中国立法的背景规范和理性的来源,对其加以审视和考量。

中华民族伟大复兴大势中之民法典

姚中秋

姚中秋,笔名秋风,陕西蒲城人。弘道书院院长,北京航空航天大学人文与社会科学高等研究院教授,博士生导师。历史学专业背景,曾致力于译介奥地利学派经济学和普通法宪政主义,译著有《哈耶克传》《普通法与自由主义理论》等10余种。近年致力于探究中国治理之道,阐发儒家义理,探索儒家复兴并更化天下之道,著作主要有:《华夏治理秩序史》第1卷《天下》,第2卷《封建》,《现代中国的立国之道》第1卷《以张君劢为中心》以及《儒家式现代秩序》《国史纲目》《治理秩序论:经义今诂》《建国之道:周易政治哲学》。最新出版有《儒家宪政论》《论语大义浅说》、《尧舜之道:中国文明的诞生》。2013年夏创办弘道书院,聚集儒门同道,与人文与社会科学诸领域学者展开广泛思想对话,拓展当代儒学研究新议题,推动中国思想学术儒家化。

学者一般都忌讳说这种大词，但我斟酌再三，还是决定冒学界之大不韪，使用这个大词。因为我以为，今天，我们确实处在中华民族伟大复兴的时代，不管从哪个角度来看，也不管你是否意识到，或者是否愿意承认。这是天大的事情，具有世界历史意义的大事。而民法典必须自觉地把自己置于这一历史大势之中，所谓天下大势，顺之者昌，逆之者亡，是也。

事实上，民法典确实和民族文化、文明之生命紧密相关。从一般理论上来说必定是这样的，上午有同仁回顾法国、德国民法典诞生的历史，从中也可以清楚地看到这一点。法国何以制定民法典，德国何以制定民法典，都与其民族的政治、文化生命初步完成新生转进，而以试图法律确定之相关。如果没有历史大转变，如果没民族生命新生转进，人们根本不可能想到制定民法典。

回顾一下中国百年历史，同样如此。可以说，制定民法典似乎总是一个具有重大历史象征意义的事件，每一次的民法典制定之呼吁和实践，都在历史比较重大的转折时期。比如，现代中国的第一次法典化发生在甲午战争、庚子之乱以后，中国经历了一场大失败，不能不走上按照西方模式建立"民族国家"之路，也就不能不制定民法典。经过30年努力，到20世纪30年代初，终于制定出民法典。同样，目前有效的《民法通则》，也是在中国改革开放启动并达到一定高度后所制定。

当然也正因为此，每一次民法典的制定，都会引起一些争议，晚清法典化有争论，民国制定民法典时也有争议，所涉及之根本问题是：中国往哪去？中国人要过什么样的生活？因为每到这样的转折、变动时刻，人们都不得不思考：美好生活究竟是什么？良好秩序究竟是什么？民法典服务于这两个目标：让人们过上美好生活，塑造比较良好的社会秩序。然而，每到这个时刻，大家对这两个问题的回答都有分歧，有不同看法，所以总会引起争议。

如果从这个角度来看，我们这次制定民法典，好像争议不是很大，看不到特别激烈的、高端的争论，事情好像理所当然，就这样展开下去即可。现有的争议，似乎也只是民法学界内部的技术性分歧，关于根本性问题，似乎没有争论。在我看来，这是危险的。法律如果完全交给一批法律工程技术人员起草、制定，而对于民法典必定涉及之价值问题无所思考、讨论,那它规范我们每个人生活之正当性何在?

我们这次会议也许是个例外。我们比较集中地提出一些异议,或者可以称之为补充性意见,目的还是希望我们最终能够制定出一部塑造中国人心目中之美好生活和良好秩序的民法典。那么,怎么达成这一目标?这个大问题,或许可以分解为五个小议题,下面我略作讨论。

第一,制定民法典的目的是什么?

我们为什么一定要制定民法典?大家或许会觉得,这个问题有点疯狂,至少是太外行了。我们当然要制定民法典,这事儿天经地义,不需要什么理由。法学家们经常痛心地说,因为没有民法典,所以中国如何如何,一旦有了民法典,中国就将如何如何。但我对这样的说法颇有点疑惑。我们都知道,中国过去三四十年是没有民法典的;我们也知道,就在这三四十年间,中国创造了全球经济增长之奇迹。这一令人瞩目的事实反差,不能不促使我们思考,民法典跟幸福生活以及良好交易秩序之间究竟有什么关系?实际上,两者间的关系,在我看来并不是显而易见的。没有民法典,究竟有多不好?有民法典,究竟有多好?难说。

但不管怎么样,立法机构现在已经提出制定一部事无巨细的民法典,民法学界也已经提出了诸多草案。这个时候,我们不能不弱弱地问一句:制定民法典的目的是什么?

回顾一下过去一百多年来关于民法典的历次争论，包括这一次参与民法典制定的学者或立法者之论述，我们都能看到一个比较强烈的表述，那就是，因为中国要"现代化"。

这一点，我们在清末民初看得最明显：当时的精英们断定，我们必须建立一个现代社会秩序，现代国家秩序，所以就需要引入西方的现代法律。在此，很自然就有一个价值判断：中国固有法律维持着陈旧、落后的社会秩序，我们遭遇了失败，所以必须抛弃旧有法律，以外来的、"现代"的法律替代之。

由此就能非常清楚地看到，过去一百多年，在大部分情况下，立法都是改造社会之工具。就此而言，法学家和立法者的工作其实都有很强的意识形态诉求，也即，旨在以自己的观念和制度改造中国社会。当然，在不同时期，改造的方向有所不同，但精英们、立法者们始终持一种外在的立场：立法者站在中国文明之外，判断中国文明是落后的，希望透过法律的植入，塑造一种在立法者或精英看来更为良好的所谓现代社会秩序。这是现代中国精英在制定民法典时的一个很强烈的诉求，而且一直都是占主流的。法律是革命的手段，也许清末制定民法典就是出于这种目的。

当然，我们也能看到另外一种诉求，那就是，希望通过制定法律包括民法典来确认现实。现实已经发生了某种变化，形成某种现实，需要通过形式化的法律体系予以确认、固定，以维持比较稳定的秩序。这可以说是现代中国人关于制定民法典的第二诉求。也许，民国制定民法典，部分地也有这种意图。

以上两个诉求，均有其合理性，不管基于历史还是基于现实。不过，我想提出的是，在这两者之外，我们能不能设想另外的目的？那就是，民法典能不能承担传承中国文明之责任，或者至少能够部分地设定这样一个宗旨？除了现代化，除了维护现实秩序，我们是不是还可借民法典，同时追求另一个听起来更高大上的目的？

个人认为，在今天，这一目的至关重要。时移世易，变法者宜也。同样是制定民法典，今天相比于一百年前，情势已发生巨大变化。民法典当初被赋予"现代化"功能，而现代化跟传统文明之间是直接相反的，尽管不是完全针锋相对的。一百年前制定民法典时，我们接连被打败，因而，我们带着现代化的目的，我们有追赶和学习的心态，中国自我特殊化，西方则被普遍化，"法律东方主义"从那时起就内置于中国法学界和立法实践中。这完全是可以理解的。但今天，以中国今日之处境，现代化目的之正当性，究竟还有多少？

我认为，今天，当我们在制定民法典时，需要对时势，对历史事实有敏锐把握和清醒认识。最简单的事实是，今日中国已不是清末民初的中国，任何人都不能否认这一点。一百年前，或许很多精英真心相信，中国文明已无生命力，中国不能不现代化。具体而言，就是西方化或者苏俄化，以实现富、强。但经过20世纪艰苦而漫长的努力，中国已经初步地实现富、强，中国文明重新焕发了自己的生命力，这个时候，我们制定民法典，心态、取向恐怕需要调整。

略加观察，则不能不说，今日民法典之制定过程，尤其是制定者的心态，与中国之国运严重背离。中国在政治上日益树立（或曰恢复）主体地位，民法典的制定却似乎依然笼罩在浓厚的自我半殖民地化气氛中。我们可以测试一下参与立法之法学家和立法机构人员对中国文明，对中国人生活方式之态度；我们也可以观察一下立法所依赖之知识体系，恐怕都能看到强烈的法律东方主义心病。

我不禁要问，以如此心态、如此知识制定出来的民法典，有助于守护中国文化，塑造中国式美好生活方式么？有助于中华民族的伟大复兴么？法律不是做算术题，法律规范人的行为，而人必定在文明中，文明之运势在不断变化。民法典若罔顾于此，恐怕很难够得上优良的标准。

第二，谁来制定民法典？

过去一百年，民法典之制定，基本上如田飞龙博士所讲，是权力与法律专业知识紧密合作而完成，而这些专业知识完全是外来的。现代化的诉求本身来自精英阶层，立法的目的是从外部改造社会，所以掌握外来知识的学术精英和掌握权力的政治精英共同完成这个工作。在此过程中，民众成了"沉默的大多数"，甚至更糟糕，成为对象，法律改造、重塑的对象，甚至是法律革命的对象。

可以这样说，中国现代民事立法最为清晰地呈现了所谓现代化过程中精英与大众之分裂，甚至敌对，由此导致法律自身陷入十分可笑的处境。说得好听一点，大量法律与民众的日常生活不相干。国家确实制定了一部又一部法律，但民众不在意，在商业交易中，民众也不看法律，而按照社会固有的民事交易习惯或新出现的社会商业惯例行事。这似乎可以解释上面提到的现象：过去三四十年中，中国没有法学家们期望的民法典，但经济增长似乎未受影响。甚至可以说，恰恰因为没有民法典，所以中国尚能保持较高经济增长率。如果有了民法典，民众的活力反而会受到压制。诸多其他法律也可以证明这一点。

那么，如何让法律真正切入生活，引导人们过上美好生活，塑造良好社会秩序？只有一个办法，那就是，法律要从生活当中来。法律的生命在于国民之生活，唯有内在于生活的法律，才是有效的。法学家再聪明，即便借助权力之强制，也无法把外在的法律强加于国民。

好的立法就是从国民的生活中"发现"法律。这是哈耶克的基本法律观念。那么，法律如何从生活中来？这个问题比较复杂。上午有学者说，我们需要成立一个民事习惯、商事习惯调查局，开展轰轰烈烈的调查。但张中秋教授告诉我们，进行了这样的调查，也没用。确实如此，在英格兰普通法传统中，习惯本身不是法律，需要具有"技艺理性"的法律人对其按照程序进行加工，才能成为 common law。而我们法学界、司法界在过去一百年中，从来没有做过这个工作。所以，尽管我们的民事、商事习惯非常丰富，但无从成为法律。

也就是说，当前中国法律界面临严重的知识短缺，或者说法律知识的生产存在严重错位。立法依靠法律专业知识，但此处所谓专业知识基本上只有从外移植而来的知识。从清末立法开始，中国取法日本、德国，尤其是最近三十多年来，民法学家们差不多都有到德国留学的经历，所以专业知识似乎十分丰富。然而，不得不说，这是"他者"的知识；相反，存在于国民生活中的规则，未能被法律人发现并进行知识的生产。今日法律人差不多就是用他者的知识为中国人制定法典。

制定中国的民法典，需要把中国人的生活转换为法律，而中国法学界的这类知识是严重欠缺的。这样的缺环怎么能够补上,是一个很大的问题。显然,民法典之类的立法肯定不能走所谓"大众路线",大众根本没有这样的能力,需要专业知识界的抽象、转换,但法学专业知识圈子却眼睛向外,根本不看大众。这就是今天我们立法面临的最大难题。

怎么解决,我不知道。我只能说,法学界需要一个转向,知识视野的转向,从法律的"外在立场"转回"内在立场",从国民之上、之外转回国民之中、之内,认真对待中国人的生活,从生活当中去发现、加工抽象的、普遍的法律。但是,这个工作多长时间能完成?跟我们现在很紧迫的立法的日程表能不能对上?不乐观。从这个意义上说,当下开启民法典制定,失之于匆忙。

第三,民法典的神是什么?

此处所谓神,不是指人格神,而是指内在于事务的塑造性力量,也可称之为价值基础。毫无疑问,民法典肯定要有一个神一以贯之,否则民法典就会变成零散条文之堆积。它关乎民法典所规范之共同体成员对美好生活的想象,对良好秩序的想象,归根到底是对健全生命之想象。

那么,中国民法典的神应当是什么?毫无疑问,民法典需要面对中国人的现实生活。不过,中国的现实本身也很复杂,此为中国之根本特征。民法典所要规范的中国人的生活本身有民族的、宗教的、还有区域的差异,多样而丰富,在观念上同样如此。当代中国人的观念是高度复杂的。改革开放三十多年来,自由主义颇为流行,个人权利之类的观念,构成很多人的价值。当然,这些年来还有传统文化的复兴。因此,当代中国的观念也是多元的,人们的生活处境也是多元的。我想说的是,多元对于中国这样的超大规模的文明和政治共同体而言,是一个常态,中国古代也是如此,比如唐代、清代的中国社会及其观念都是非常多元的。

但是,中国古代的思想者和立法者并没有堕入"多元主义";事实上,如果坚持多元主义,就不应制定民法典。毕竟,民法典是一部普通的民法典,不只针对某个民族的人或者某种宗教的信徒,而是规范中华人民共和国境内的所有人。民法典必须有一个神,由此才能承担塑造共同生活方式的功能,而这是任何国家的民法典都不能推卸的责任,尽管这个共同性可能不大。

因此,民法典制定者不能不面对一个极大的挑战:如何既照顾多元,又坚持一以贯之的价值?费孝通先生讨论过中华民族"多元一体"格局,"多元"是事实,没有"一体",则没有作为"一"的中国。那么,民法典的这个"一体",可以是什么,应当是什么?我认为,恐怕是仁。

孔子曰:"夫仁者,己欲立而立人,己欲达而达人。能近取譬,可谓仁之方也已。"孔子发明仁,并塑造了中国人之心乃至身,仁贯穿于传统中国法律、制度。历史上,包括20世纪,各种因素不断冲击,但今天中国人仍以仁为贵。这就是中国价值,当然也是普适的,因而可以穿越民族、宗教、地区之别,而联络所有人为一体。好的民法就是生活之表达,那么,中国人的生活是什么样的?中国人的观念是什么样子的?仁是根本。今天,仁还在发挥作用。更重要的是,这种价值是美好的、普适的。因此,民法理应立足于此,以仁为神,一以贯之。

从这个意义上说,民法需一次"儒家化"过程。历史上,这样的儒家化已有过多次,最为重要的是,秦汉时代律之儒家化。此后,法律秩序才稳定下来。过去百年,追求现代化的中国法律偏离这一价值,今日恐怕需要一个反向的过程,儒家化过程。对法律人来说,你怎么评价儒家,这是一个可争议的学术问题。但中国人的生活,总体上仍然是儒家的,则民法典立足于儒家价值,就是无须质疑的问题。

第四,民事法律的形态是什么?一定是民法典吗?

具体而言,我们是需要制定一部完备的民法典,还是可以采取其他的形态?现在看起来,立法者决定走向完备的民法典，但我仍想对此一宏大的努力，提出怀疑。

不妨看一下传统，传统中国有刑律，这个传统源远流长，但是，历朝历代始终没有制定完整的民律，以规范人们的日常生活。也即跟国民生活关系最为密切的领域，并未制定出完备的法典。我们需要追问：是因为我们的先人无能吗？显然不是，立法者既然能制定出刑律，如真想制定规范人们民事行为、商事行为的法典，想必也一定能够制定出来。于是问题就转换为：他们为什么没有制定民律？

对这个问题，我们恐怕需要反向思考。法律史家经常把没有民律当成中华法体系之严重缺陷，但如果我们打破法典迷信，即可发现，也许这恰恰是中华法系的一个优点。一个基本事实是，中国本身太多元了，让民法典面临不少技术上的困难。比如，民法典对婚姻形式有所规范，那你是不是要求西藏人跟我们也一样？中国不同于民法典体系发达的国家如法国、德国，它们小规模的、较为同质的"民族国家"。但自古以来，中国就不是民族国家，而是一个超大规模的文明与政治共同体，内部的民族、宗教、生活方式高度多样，甚至边界也不是固定的。制定统一的完备的民法典，未必是好事。

同时，中华法系拒绝制定民法典，还有更深层的原因。西方人信神，而神可以说话，神的话就是法律。犹太教、基督教、伊斯兰的经文对此均有大量记载。这种宗教神灵观塑造了西方人的法律观念,他们倾向于相信,通过神法或主权者立法行为,完全可以制定出完备的法典。中国人的思考方式与此不同,中国人敬天、重生生之易,肯定变动,肯定多样,而中国本身就是多样的。因此,在中国人看来,试图用一部法典规范所有人,本身就是不合情理的。图财害命、杀人放火,这样的刑事犯罪行为,是所有人都认为应当予以惩罚的,当然可以通过统一的刑律予以打击。但是,生活在高度多样的共同体内的人们如何生活、如何做生意,我们的圣贤更愿意交给每个人自主决定,通过生活、交易等共同体内的互动过程,自发生成并演进。

上面所谈,是中华法传统中没有民法典的两个重要理由。但我们的法律史叙事似乎未能妥善对待这一点,而是倾向于以西方法律体系作为典范来评判中华法体系,对民法典之缺乏横加批判。当然,这种局面目前已经改观,比如马小红教授对礼的研究,正在为中华法体系正名。

至关重要的是,这不仅是传统,也是现实。过去的几十年,我们误打误撞,沿着传统的路子往前走。今天的中国,关于民事行为,有各种庞杂的法律法规体系,其间甚至存在矛盾,没有完备统一的民法典。这一点有点儿类似于传统的格局。但我以为,这样其实挺好。大家现在有混不下去的感觉么？没有,这种格局恰恰给社会多样快速的变化以及多样性,留出了足够空间。因此,尽管我们现在已经开始制定民法典,我仍然愿意提出一个问题:我们有必要制定貌似完备的民法典吗？

即便我们一定要制定民法典,我认为,中国民法典也应有自己的风格。比如,对于中国的民法典来说,也许最重要的部分是总则或序言。具体的细密规则,说实在话,注定有很多在现实当中没有太多用处。我们的生活本身是多元的,并且在快速变动之中。比如,我们都知道,移动互联在深度地重塑人际关系、生活方式,则我们基于工业时代的生活所制定的民法典,即便今天有用,过上10年,也许就没有多大用处了。民法典立法者若能意识到这一点,那应当把重点放在基本原则之阐明上。比如,在总则中写明仁、孝,突出家的价值等等。

当然,这就涉及刚才大家讨论到法典条文之效力问题。也许,在中国法律传统中,在中国人看来,法典最为重要的部分,也许恰恰在那些没有附带什么请求权的条文,恰恰在于那些价值宣示性条款,它们规范基本原则,确定个人生命和制度运作之基本方向,给人们的生活划出大致的轨道。它很宽泛,但恰恰因为其宽泛,才可以容纳多样和变动。我想,这样的法典风格是我们的现实所要求的,恐怕也是我们中国人能给整个世界的民法典发育有所贡献之处。其中可以体现中国人的生命观：坚守人之道，但给人以生活的自主。

由此更涉及另一问题：我们今天的民法典能不能成为中华法系复兴之契机？我们在制定民法典时能不能有中华法系的想象？一百年前的中国精英们经历了转折之后，决意按照西方模式制定中国民法典，源远流长的中华法系迅速崩解。那么，一百年之后，在中华民族伟大复兴的大势中，法学家和立法者接续中华法系，这样一个诉求的正当性，在我看来已相当充分，关键看法学家和立法者有没有文化自信。

第五，制定民事法律体系，究竟取法何处？

上面所谈，各位想必已经看出，我坚持中国民法典必须体现中国文化精神。但是，我决不主张封闭，绝不反对学习他者。不过需要认真思考的问题是，我们学习谁，学习什么。

整个20世纪，中国人制定民法典，基本上学习德国民法典，之前通过日本学习德国，今天则是直接学习德国的理论和制度。这是不是最优的选择？我们无法改变历史，但至少在现实中可以重新选择。上午，田飞龙博士讲到英格兰普通法传统，我对此较为偏好。这不仅因为，按照普通法的法理，法律其能与生活保持一致，我还有另一个理由。

人类所建立的共同体有不同的命，有些成为世界历史之主体民族，有些则不是。自古以来，中国就是世界历史的主体族群，尽管过去一百年来遭遇挫折，但并未改变这一天命。到今天，任何一个不带偏见的人，都应该能够看清这一点。从这个角度看，在西方世界，恐怕只有罗马和英美是值得我们认真学习的，理由很简单：他们曾经是世界历史之主体民族，与中国在历史上和现实中的角色是匹配的。至于德国，从其在世界历史过程当中所扮演的角色看，也许真不值得我们中国人那么认真地学习。

比如，我们正在模仿的民法典，其体系十分完备，这一点，吸引了很多人。但完备的另一面就是封闭，这样一套民法典几乎不具备可扩展的品质，无法随时间调适，也无法容纳多样性。这就注定了它无法成为世界性法律，或者说，它无法支撑德国发挥世界领导作用。甚至我们可以说，德国式民法典思维方式锁闭了德国人的心灵，让他们无法具有世界领导者的心态。

中华法系曾经是世界性法律，辐射整个东亚，塑造了东亚的天下秩序，就是因为，中华法律体系具有开放的品性，可以容纳多样和变动。20世纪，中国精英们试图建立"民族国家"，乃按照德国民法典，制定民族国家之法律，让天下解体。但这样的努力,在今天如果成功,后果或许很可怕,因为它会构成中国发挥世界领导作用之障碍。即便不谈论领导世界,至少中国可以在东亚发挥领导作用,几千年来一直如此。学习德国民法典范式,有助于我们发挥这个领导作用么?一个看起来完备、因而自我封闭的法典,能有扩展性么?

相反,我们看到,过去二百多年,英美发挥世界领导作用,这与其普通法传统恐怕不无关系。普通法可以对多样性开放,也可以容纳变动。就这一点而言,普通法传统与中华法系之间多有相近之处。因此,当我们完善民事法律规范体系的时候,认真对待英美普通法传统,也许更有益于今日我们找到与今日世界大势相称之法律精神。

前面所说的所有思考,可概括为一句话,我们的法律家,包括我们的法学学者和立法者,在当下民法典编纂过程中,特别需要文化自觉、文明自信。一百年前制定民法典时,精英群体似有反向的文化自觉,立法家希望中国走出自身文明。今天,我们恐怕需要反其道而行之,需要返回意识。

基于这样的文明自觉,中国法学或许可以走出"现代化范式"。过去一百年的中国法学,基本上致力于现代化指向的知识构造。这在过去可以,但这真的是我们今天需要的法学之全部吗？我也期待中国法学走出"转型范式"。今天我们需要问自己：中国还要转型吗？转到哪里去？中国确实将继续变化，但这个变化恐怕不是换到别人的轨道上去，不是全盘西化，不是法典德国化，而是返回去，所谓"复古更化"。我也期待，中国法学走出"革命范式"，不要再幻想通过法律进行社会、经济革命。

最重要的是，中国法学需要一次立场转换，从外在立场转向内在立场，也即，法律家从文明内部来思考立法，进行知识构造，而不是站到文明之外，对文明进行批判和改造。这必须从观念上、实践上重构法律与文明的关系：法律必须、且只应滋养文明，不能多一点点儿，也不应少一点点儿。

最后我想说的是，如果立法者群体没有文化自觉，那暂时不要立法，让国民的生活再自由地飞一会儿，让文明自我调适、生长。最好的法律能滋养文明，如果法律做不到这一点，还不如不要法律。

第二部分

回顾与反思

法律史与民法典
　　——波塔利斯、法哲学与拿破仑法典 / 石佳友
人格权在传统中国的法理依据与哲学根源 / 张中秋
民国民法的制定:从"会通中西"到"比较立法" / 张　生
法律史研究对民法编纂的意义 / 邓建鹏
民国民法典编纂及其当下启示 / 谢冬慧
从法史角度看民法典编纂 / 顾文斌
近代以来民事习惯调查及对民法典编纂的启示 / 孙明春

法律史与民法典
——波塔利斯、法哲学与拿破仑法典

石佳友

- - - -

石佳友，法国巴黎第一大学法学博士，中国人民大学民商法学博士，中国人民大学法学院教授、法语国家法制研究中心主任、中国人民大学国际学院副院长。兼任法国巴黎第二大学、奥弗涅大学、图卢兹大学、佩皮尼昂大学等客座教授及博士生合作导师。研究领域为民商法、比较法、欧洲法。中文专著有：《上市公司审计监管国际合作法律问题研究》（法律出版社2013年版）；《民法法典化方法论问题研究》（法律出版社2006年版）。主要中文论文有：《治理体系的现代化与民法典的时代精神》（载《法学研究》2016年第1期，人大报刊复印资料2016年第4期转载）；《法典化的智慧：波塔利斯、法哲学与民法法典化》（载《中国人民大学学报》2015年第6期）。主要法文论文有："La révision de la loi chino relative à la protection des intérêts du consommateur"，*Revue internationale de Droit comparé*（国际比较法杂志——法文顶尖期刊），2015，Vol. 1.

从我个人的角度来讲,我一直非常赞同对于民法典进行跨学科研讨。因为确实我觉得民法典的编纂是转型过程当中非常宏大的趋势,各个学科的介入对法典的编纂绝对是有益的,而不是有害的,对于法典编纂尤其如此。因为民法典是有着明显的几千年来历史传承的过程,毫无疑问罗马法的很多规则今天仍然在民法典中发挥很重要的作用,所以历史的研究,法史的研究对我们的编纂尤其重要。

我报告的题目是"法律史与民法典——波塔利斯、法哲学与拿破仑法典"。这里面提到了拿破仑法典,因为我们更多的是从历史的角度去研究,所以换句话来讲,从法史的角度我并不关心今天的状态,我只集中于拿破仑法典,所以这个内容依托于之前提交的论文,但是又跟论文不一样,尤其后面部分跟论文是不一样的。论文反映是前几年我研究的一个总结,主要是研究从18世纪中期,孟德斯鸠发表《论法的精神》到1804拿破仑法典颁布年大概半个世纪中,立法怎么样反映当时的研究成果和当时时代的哲学精神，包括当时的重农主义思想，这些思潮对波塔利斯起了重要的影响，比如说重农主义的自由主义与波塔利斯本人的立法思想关系有重大的影响。

我首先说一下关于法典化和法律史的问题，集中就是波塔利斯1801年发表的《关于民法典草案的说明》，这个说明确实在立法史当中是非常独到的研究，真的是空前绝后，后来确实没有的，只有他有这样的问题。波塔利斯作为立法的主要起草者发表了这样的一个说明，后来再也没有人做这样的东西了。在立法史上，按照著名的法史专家的观点说，这个说明无论是风格还是内容上都可以体现法典起草者说法典的主要的原则，阐释他获得启示的来源的选择以及立法在生活当中的角色和概念，所以是非常杰出的。

我总结的第一点是法典的民族性，他的一句名言是这样的，尤其是比如说他受到孟德斯鸠的影响非常深，后面我会讲家庭法制中确实受到的孟德斯鸠的影响。孟德斯鸠说人受气候、宗教、法律、施政准则、先例、习俗、风尚等多种因素的支配，由此形成了民族的精神。所以民族的习俗和风尚，要适用于这个民族，只有在极其特殊的情况下，一个民族的法律才可能适应另外一个民族，所以只要民族精神和政治原则不相违背，立法者就应该尊重这种民族精神，只有当我们自由自在地依照我们的天赋秉性行事的时候,我们才能做得最好。①

法律人类学与法典化研究主题,在这个意义上讲孟德斯鸠是鼻祖,因为他的观点强调不能让人置于某种抽象的环境当中,不要去追求法律形而上学的完美,要从整体的角度看待人性,尤其注意到每个民族的独特性,注意到气候、地理、环境、种族等。他的研究也被视为政治人类学和法律人类学的肇端,具有浓厚的启蒙思想的特质。从这样的视角出发,立法者必须了解民法典所要服务的"民族的风俗、特征、政治、与宗教形势",立法者应当"评估在每一种行情形下,在每一个地区中决定公理应当多元地适用于每一个民族、由此应制定的不同法律的特殊的物质上和道德上的原因"。

在历史相对主义上,我们看到孟德斯鸠对波塔利斯的重要影响,尽管两个人相隔半个世纪,但是这种影响力是非常明显的。波塔利斯认为,基于民族的风俗、人情和条件而进行,法典在未来要成为"理性的典章",法律必须要适应针对人民的特征习惯,最好的法律是最适合该民族的法律,所以不可能为不同的民族制定同一个法律。这个说的很对,不可能为不同的民族制定同一个法律,也不可能把

---

① 参见〔法〕孟德斯鸠:《论法的精神》上卷,许明龙译,商务印书馆 2014 年版,第 373 页。

所有的民族改造成一个民族,所以他说:"有必要保留一切没有必要废除的东西,法律应该尊重习俗,如果这个习俗不是陋习。"这也是他经常说的,只有不革新是最糟糕的时候,才必须要变革。我们从波塔利斯身上可看见孟德斯鸠"历史相对主义"的痕迹。①

第二,关于家庭的问题,家庭在波塔利斯心中具有极端重要性,是"国家的苗圃"及"良好品性的圣殿"。我们今天会把它当成一个常识去看的,但是这个常识,家庭作为民法的支柱,确实是法国民法典突出的贡献,是法国民法典第一次说将家庭提到所谓的民法中。在这个过程当中,波塔利斯个人的观点确实起到很大的作用。因为在他看来,因为社会的良好秩序取决于家庭稳定,因为社会绝不是由孤立的和分散的个人组成,而是由所有家庭结合,家庭是独特的小社会。特别要说明白的是,他的思想与大革命时期关于家庭的概念是完全不一样的,在这个上面来讲,他是回归了旧制度。

孟德斯鸠曾形象地说:"一个美好的家庭是暴风雨中一只笃定的方舟,它由两个锚所固定,宗教与习俗"。② 在波

---

① See Portalis, "Discours préliminaire sur le projet de Code civil", in Jean-Etienne-Marie Portalis, Discours et rapports sur le Code civil, Centre de Philosophie politique et juridique, 1989, pp. 17—23.
② 〔法〕孟德斯鸠:《论法的精神》上卷,许明龙译,商务印书馆2014年版,第175页。

塔利斯心目中,家庭与社会团结,这里面是夫权和父权的关系。相比大革命的立法,《拿破仑法典》在家庭领域是倒退的,但是不管怎么说,他在家庭和社会的关联程度的认识上是极其深刻的。他说,我们的目标在于将品性和法律相关联,传播家庭的精神,它是如此有利于国家的精神,有利于社会的稳定。①

第三,法典的开放性,"要特别警惕规定一切和预见一切的危险企图"。② 在今天是一个非常有益的高见,不要企图规定一切或者是预见一切。法典的开放性主要表现在对法典之外其他法律渊源的开放性,这些法律渊源主要有判例、习惯、学理、道德和宗教等。由此强调法典的开放性,必须反对成文法中心主义。在波塔利斯看来,成文法存在双重意义上的不足。第一方面,成文法必然是不完美的,因为立法者没有办法预见一切。他的名言是:"社会的需求是如此多变,他们的利益是如此多样,他们的关系是如此的宽广,以至于立法者不可能预见一切。……如何能够阻止事件的发展?如何能够事先知晓和计算唯有靠经验才能告诉你的东西?预见性的范围能够扩展出思想无法企及的事

---

① See Portalis, "Discours préliminaire sur le projet de Code civil", in Jean-Etienne-Marie Portalis, Discours et rapports sur le Code civil, Centre de Philosophie politique et juridique, 1989, pp. 25—28.
② Portalis, "Discours préliminaire sur le projet de Code civil", in ibid., 1989, p. 108.

物吗?"①这段话是非常有哲学高度的。成文法与习惯法具有这种关系,由此,一部法典不能被视为"以先知的方式"为民族预告了全部永恒的真理。法典体现的仅仅是最高的智慧权威,法典必须规定在一个社会漫长的演变过程当中所形成的习俗和惯例。法律应该与时俱进,随着社会的前进动态发展。第二方面,成文法在颁行以后也必然面临迅速过时的局面。波塔利斯认为一部法典,无论看上去有多么的完备,自其颁布开始,就会有数以千计未曾预料到的新问题摆在法官面前。他讲的名言是说先有法官才有法典,民法典的生命力在很大程度上不取决于立法本身的质量和预见力,而是取决于日后作为司法者的法官,所以在有法律之前就有法官了,法官早就在法律之前存在了。法律无法预见法官日后碰到的所有问题,所以要特别警惕。这就是我们今天讲的民法典的精神是基于对法官的信任和对判例有朝一日会成为几乎与法律同等地位的法源的一种直觉。另外他讲到法律与道德、宗教之间应该结成一种重要的联盟,所以他的名言广为引用:"我们所留下的空白,由经验去填补,人民的法典随着时代的发展而逐渐成形,

---

① Portalis, "Discours préliminaire sur le projet de Code civil", in Jean-Etienne-Marie Portalis, Discours et rapports sur le Code civil, Centre de Philosophie politique et juridique, 1989, p. 6.

严格来说这些法典都不是被人制定出来的。"①

第四,法典的行文风格与实用性,"区分法学和立法是明智的"。法典化的目标是所谓的法律的简化,就文风来说应该简约、朴实,用词要做到能被所有的人理解。法律不应该让大家难以琢磨,法律不是高深的艺术,而是简单的道理。

讨论文风简洁的问题,我们再次回到孟德斯鸠。孟德斯鸠认为:"法律的文风应该简约、朴实,平铺直叙永远比拐弯抹角好……法律的用词要做到让所有人都理解为相同的概念……法律不能让人难以琢磨,应该能为普遍人所理解……法律不是高深的逻辑艺术,而是一位良家父的简单道理。"②法典中必须区分"有可能和必要向一切人解释清楚的东西和那些必须使用严谨用语的东西。"③

第五,法典化的节制精神,波塔利斯的名言是"不可制定无用的法律,它们会损坏那些必要的法律"。④ 他认为,

---

① Portalis, "Discours préliminaire sur le projet de Code civil", in Jean-Etienne-Marie Portalis, Discours et rapports sur le Code civil, Centre de Philosophie politique et juridique, 1989, p. 108.
② 〔法〕孟德斯鸠:《论法的精神》上卷,许明龙译,商务印书馆 2014 年版,第 693—695 页。
③ Stéphane Guy, "La codification: une utopie?", in Revue française de droit constitutionnel, Paris: PU, 1996(26), p. 308.
④ Portalis, "Discours préliminaire sur le projet de Code civil", in Jean-Etienne-Marie Portalis, Discours et rapports sur le Code civil, Centre de Philosophie politique et juridique, 1989, p. 6.

法律不是纯粹充斥的强制律令，它寄托着智慧和理性。①可以再一次看到孟德斯鸠的影响。"智慧"是对经验的尊重，表现为一种务实主义的态度，不能盲目革新，必须反对教条主义，民法典不可能是与旧的法律传统完全决裂的革命性作品。立法者的智慧也表现在简约和复杂辩证关系的把握上，法律应该是简单、清晰、精炼的。

正义表现为自然正义这种公平和基本价值的永恒追求，孟德斯鸠说法律不一定是正义的，但是正义者必成法律。②波塔利斯说："立法者的条文应当服从于自然法，如同法官的判决应当符合立法的要求一样。"切不可忘记的是立法"并非是人手之作品，在一切的成文法之外还存在自然法。人们不能违背。这个支配着一切的个人与民族，一切的民众和君主，后者的立法者也只能是他忠诚的代言人。"③

法典化的理性是对于过度的避免和立法的谦卑与节制。孟德斯鸠在《论法的精神》中写下了广为引用的著名论

---

① Portalis, "Discours préliminaire sur le projet de Code civil", in Jean-Etienne-Marie Portalis, Discours et rapports sur le Code civil, Centre de Philosophie politique et juridique, 1989, p. 4.
② 参见〔法〕孟德斯鸠:《论法的精神》上卷，许明龙译，商务印书馆 2014 年版，第 27 页。
③ Portalis, "Discours préliminaire sur le projet de Code civil", in Jean-Etienne-Marie Portalis, Discours et rapports sur le Code civil, Centre de Philosophie politique et juridique, 1989, p. 15.

断:"我这么认为——而且在我看来,我写这书的目的就是为了证明:节制精神应当是立法者的精神……道德上的善和政治的善一样,始终处于两极之间。"①我认为法典化的智慧就是一种节制的谦卑,立法者的理性是避免过度行为,法典不能是抽象理论建构,而是要适用所有人的具体规则。

结语部分我要提出的问题是:政治意志与民法典工程的关系。这个部分是我最近一直在思考的问题。我们说,没有任何一个立法文本能像《拿破仑法典》一样对这个问题作出最好的诠释,因为没有任何一个民法典像《拿破仑法典》一样,政治人物是如此深地介入到民法典的制定和审议过程!在行政法院关于民法典草案的107场会议当中,拿破仑本人主持了其中53次,并且多次发表其个人见解,这个在民法典的立法史中是空前绝后的。没有一个君主如此深入地介入到法典,也没有一个君主跟法典的联系像拿破仑这样紧密,所以1807年议会决定把它称之为《拿破仑法典》,向拿破仑对民法典的伟大贡献表达敬意。

首先说法史的研究。法国著名的法史专家 Jean-Louis Halpérin 说,在我们看来,没有任何确定性的证明表明,存

---

① 〔法〕孟德斯鸠:《论法的精神》上卷,许明龙译,商务印书馆2014年版,第682页。

在着一个没有"神话"的法律体系。人们总是在抛弃一个神话的同时选择另外一个神话。科学研究并不是简单地消除一切神话的努力,而是对法律史选择某些有效的神话或者叙事的解释工作。

长期以来,即使在法国的学界,这仍然是津津乐道的一个问题:民法典到底是拿破仑的,还是大革命的,或者旧制度的遗产?波塔利斯既严厉批判了大革命精神,但是另外他又高度赞扬了民法典草案实现了法国不同的法律渊源之间"最庄严的折衷"。他质问:一部好的法典有可能在一种让法国动荡不安的政治危机气氛中诞生么?大革命的氛围对于制定一部民法典显然是不利的,考虑到过去的经历,较之于革命遗产而言,起草者们更加重视罗马法的原理和旧制度下的法律规则。以下几个方面他跟大革命的法律保持了决裂,法典化由一个委员会来进行,因为我们知道在大革命时期受人民主权的思想影响,是采取议会主导的模式,由议会负责制定和审议。而这一立法体制到了拿破仑时期完全变了,采取的是一个行政主导,而且是小规模的委员会体制。内容上《拿破仑法典》与革命法制在离婚、非婚子女继承等问题上规定也有所不同。关于法规化制定的程序,大家可以去看一下我在《比较法研究》杂志上2015年发表的一篇文章《法国民法典制定的程序问题讲究》,集中探讨法国民法典制定的程序问题。通过法律史研究,结论很清楚,拿破仑时期的民法典的成功制定,其中很大的程度上归功于立法体制的改变。另外,旧制度法律对民法典父权和夫权制度的影响显而易见,但是如果认为一部《拿破仑法典》完全倒向了大革命的反对方,这样的想法则是错误的。

必须注意到,波塔利斯说,"民法典是在政治性的法律指导下进行的,它必要与政治性法律之相适应"。根据托克维尔的研究,民法典更像是拿破仑与市民社会的某种"交易",政治国家为市民社会提供民事自由,作为对价,后者放弃对政治自由和民主的主张。由于公共空间和私人空间相互远未独立,1804年民法典更像是一种传统的方式,它旨在给人造成这样一种幻觉,对已经转化成为独裁体制下的主体的公民给予一种"自由性"授权,这一词语在当时曾经多次在这个意义上被使用。

民法典与政治因素之间仍然保持着微妙的隔离,在不忽视政治的作用的前提下,不能否认法律思想的作用,特别是传统的法律思想,具体说就是法国法编纂者和冉森派理论家所处的那个时代的哲学思潮对他们的渗透。根据留法的朱明哲博士的论断,法律实践由于其语言的专业性,形成了一个相对独立的场域,《法国民法典》各草案的演变和辩论正好展示了这样的一个情况。这就是说,政治话语与学术话语之间确实也有一定的相对独立性。

让我们再回到基本的问题上:政治意志与民法典。政治的指导和介入对民法典政治性内容的民主辩论,对于民法典是非常必要和有益的,因为它能赋予民法典以政治合法性。但是,政治意志过分强势的主导甚至直接决定民法典的内容,则是有害的。必须铭记历史法学派萨维尼的告诫,他所坚决反对的是立法者无所不能、随心所欲地按照政治意志去修改和制定法律,萨维尼反对秉持政治意志的立法者对传统的随意篡改。法国19世纪的自由主义者如贡斯当、孔德等都曾批判人民主权论者的政治建构主义立法观。著名历史学家基佐曾说:"权力并没有创造社会,而只是发现了它。""法律只是记录和反映了某一个特定的社会和伦理状况,它只是将已经存在的东西予以制度化。"最后,我们应该重温瑞士民法典之父欧根·胡贝尔的总结:法律并非由成文法所创造,仅仅是由其所反映出来,法律的创造其实是交由那些立法所无力控制的力量所支配!

人格权在传统中国的法理依据与哲学根源

张中秋

• • • •

张中秋,法学博士,中国政法大学教授,博士生导师,教育部人文社会科学重点研究基地·中国政法大学法律史学研究院常务副院长,中国法律史学会执行会长;曾应邀赴美国、德国、法国、奥地利、日本、韩国以及我国台湾和香港地区参加学术活动;研究方向为法律文化;发表论文100余篇,其中在美、德、日、韩、法等国及我国台湾地区学术刊物上发表论文多篇;代表作有《中西法律文化比较研究》和《中日法律文化交流比较研究》以及《原理及其意义——探索中国法律文化之道》;曾获得全国青年优秀社会科学成果最高奖优秀专著奖1项,合作获得教育部高等学校人文社会科学研究优秀成果一等奖1项,独立获得教育部高等学校人文社会科学研究优秀成果二等奖3项。

我想说我们今天的民法典的编纂是一个大事。如果我们承认现在中国是历史中国的延续，那么，现在中国的民法典的编纂就是中国法律史的一部分。历史上中国的立法受两个基本的动因所推动。一个是现实的需要，这在中国今天也是显而易见的；还有一个是历史传承的需要，因为从夏商周以来到宋元明清，每一部重要法典都是在历史传承中产生的。所以，历史上中国所有重要的以及最成功的法典都是现实需要和历史传承这两个巨大的动因完美结合的作品。

今天的中国民法典的编纂面临着是非常大的现实需要，但它受不受我们历史传统的影响呢？我想今天我们很难回答这个问题，所以我们要开这个研讨会。今天我谈的话题是人格权在传统中国的法理依据与哲学根源。人格权是基于权利人的人格所产生的权利，包括一般人格权与具体人格权。其中具体人格权有人的姓名权、名称权、肖像权、荣誉权、生命健康权和婚姻自主与男女平等诸权利，但它本质上是人的主体性和精神价值在法律上的体现。人格权法在中国民法典中是否独立成编，这在中国民法学界有争论，提倡者和反对者都有。提倡者如王利明教授认为，民法必须法典化，人格权法必须独立成编。这是为了体现出对人文的关怀，体现出现代民法价值的核心。至于人文的具体内涵是什么，为什么体现出对人文的关怀人格权法就必须独立成编，其他国家的民法典不能说没有人文关怀，但人格权法为什么不独立成编，而在中国民法典中为什么要独立成编，这有什么深厚的历史和现实根据，等等，这些问题都需要有精深通透的学理论证，这样才能让人心服。

譬如，人生来是一样的，亦即人的自然生命有同等价值，这是天理。所以，法律首先依据这个理而规定，人命关天，杀人者死、伤人者刑，不分高低，这可以说是一种基本的、概括性的合理正义观。然后，在实践中又是如何来理解和解释这样的正义观呢？实际是根据具体和特定的情境，亦即依据实际的理来加以理解和解释。如人生来是一样的，但后来发展不一样，集中表现为人的德和能的不同，亦即人的精神生命和社会生命的价值有差别，这是实际的理或者说理的现实。所以，法律又依据人的精神生命和社会生命价值的高低这个理，来分配权利义务和定罪量刑，高者高，低者低，等者同等，不等者不等。这样，法律在理的这个支点上又形成了可上下移动的阶梯结构,其结果即是我们所看到的礼法合一的差序结构。因此,我把这样的正义观又称为动态的合理正义观,亦即是有机辩证的,而不是机械教条的正义观。其实,这正是传统中国法的正当性所在,亦是传统中国法的人文价值所在,即在平等对待人的自然生命价值的同时,更重视通过德和能所体现出来的人的精神生命和社会生命的价值。这可以说是人的主体性和精神价值在传统中国法上具有崇高地位的法理依据。

这个法理依据背后的哲学是道,或者说理气统一的世界观。传统中国的主流哲学,亦即基本的世界观是道的世界观。道的世界观在宋及以后就是理学世界观,理学世界观实际上是理气相统一的世界观,亦即理中有气、气中有理,世界是理气的统一体。在理气统一的世界观中,精神性的理是第一位的,谓之形而上;而物质性的气是第二位的,谓之形而下。虽然理气在形成上不分先后,但在位阶上却有上下高低之分,亦即在这个世界观的价值链中,形而上的理高于形而下的气,这意味着精神性(社会生命)高于物质性(自然生命)。所以,人格权法在中国民法典中是否独立成编并不是为特色而特色,而是与传统中国人的世界观,特别是至今仍有这种世界观(百姓只是日用而不知)的中国人的观念是相契合的,是深深植根于中国法律传统之中的。

民国民法的制定：从"会通中西"到"比较立法"

张 生

张生，男，法学博士，现任中国社会科学院法学研究所法制史研究室主任，教授，博士研究生导师。兼任中国法律史学会常务理事、中国法学教育研究会常务理事、最高人民法院司法案例研究院专家委员会成员、北京市比较法学研究会副会长、北京市法律文化研究会副会长。主要研究领域为中国法律史，在《法学研究》《法制史研究》《法学家》《政法论坛》《比较法研究》等期刊发表学术论文30余篇。代表作《中国近代民法法典化研究》曾获第二届钱端升优秀法学成果奖二等奖；曾获得首届"首都十大杰出青年法学家"称号、第七届"全国十大杰出青年法学家"称号、"北京市优秀教师"称号，教育部哲学社会科学研究重大课题攻关项目首席专家。

我感觉本次会议的主题可以分作两部分来理解：前一部分是"民法典的编纂"，这一向都是民法学家的专利，具有很高的专业性，也确实存在脱离历史文化的问题。后一部分，是"法史研究反思"，我们从事法律史学研究，特别是从事民法史研究，都极有必要进行反思，既是为了改进我们的研究，也是为了更好地传承中华文化。

今天我报告的题目是"民国民法的编纂：从会通中西到比较立法"，报告的主旨是反思民国民法的缺陷。因为之前民法学界对民国民法的评价非常高，比如梅仲协先生、谢怀栻先生，对民国民法的比较立法成就都有精到的论述。我在《中国近代民法法典化研究》以及最近的一些论文，对民国民法的编纂组织与效率、压缩式编纂技术、民商合一的编纂体例、社会本位的价值取向等都有述及。今天却是要探讨一下民国民法在编纂过程中所形成的缺陷。我将从以下三个方面来展开讨论。

第一，清末民国时期的文化价值，经历了从"中体西用"

到"会通中西"的变化。1842年签订《南京条约》之后，中国开始直面迅猛发展的西方。魏源所提出的"师夷长技以制夷"，颇具代表性，表达了中国需要接纳西方文明的想法。之后，冯桂芬在《采西学议》中提出了"中体西用"的学说，主张以中国传统的忠孝之道作为文化的根本，采用西方的各种法律制度。清末的张之洞在《劝说篇》中进一步系统阐述了"中体西用"的学说。到了民国初期，在经历了多次中西碰撞的失败之后，梁启超在对中国传统进行反思的基础上，提出了"会通中西"。"中体西用"强调的是以本国固有文化为根本，对西方先进文化我们能用的就采用，以西方文化来"补救"中国文化；到了"会通中西"学说，就变成了中国文化和西方文化两者同等重要，无主次之分。从"中体西用"到"会通中西"，可以看到，在中国人自己的认识里，传统文化的地位在下降，中国人越来越认识到西方文化对于实现富强、实现现代化的重要性，中国传统文化因缺少"有效性"而越来越被忽视。

第二，"会通中西"是民国民法编纂的指导思想，也是一个非常美好的立法理想。这个立法理想在法典编纂的过程中，在转换为具体的技术路线时，又退化成了"比较立法"：中国固有法基本被抛弃，对欧陆各国民法的比较与选择成了民法编纂的主要工作。南京国民政府立法院院长胡汉民,当时任命了五位民法起草委员,这五位起草委员符合"会通中西"的要求。民法起草委员会的主任委员是傅秉常,当年只有33岁,他在香港大学获得工学学士学位,但从来没有系统学习过法律,他的职责是使民法典符合中国固有文化和西方文化的双重要求。其他四位起草委员可以分为固有文化组和西方文化组,史尚宽和郑毓秀属于西方文化组,焦易堂和林彬属于固有文化组,这些人的教育背景和工作履历在我提交的论文中有详细记述。从形式上来看,代表中国固有文化的是两位委员,代表西方文化的是两位委员,双方完全对等;民法起草委员会的主任似乎是既了解西方又了解中国的人,可以居中调解、会通中西之间的矛盾。但是,在民法典编纂的过程中,"会通中西"蜕变成了"比较立法"。

简单地从数量上来看,代表西方文化和代表中国固有文化的起草委员数量相等,都是两个人,如果投票的话可以互相制衡、势均力敌。但是民法典是一个形式理性的逻辑体系,不是谁人数多就可以把意见写入民法典,写入民法典的条文需要符合整体的民法理论和逻辑体系的一致性。通过傅秉常的回忆,我们能看到,代表固有文化的两位委员渐渐地丧失了发言权,代表西方文化的两位委员,不懂民法学的委员也渐归沉默。整个民法起草委员会之中,只有史尚宽成为绝大多数民法条文的撰写者。

史尚宽曾在日本东京大学获得法学学士学位，又在德国研修过民法，还在法国获得了政治经济学的硕士学位，他精通日语、德语、法语和英语，对欧陆各国民法皆有深入的研究。1929年1月被任命为民法起草委员的时候，他刚刚年满30岁，但是却主导了整个民法的起草工作。代表固有文化的林彬曾与史尚宽有过争议，试图以固有法来辩驳史尚宽的外国民法，但最终还是史尚宽取得了压倒性胜利。林彬毕业于北京大学法律系，曾担任地方审判庭的推事、地方检察厅检察官，还在大理院担任过民事审判庭推事，有着丰富的司法经验，对于既有的民事习惯调查材料、民事判例和解释例无不熟稔。林彬无疑希望将民事司法实践中积累的经验、民事习惯调查中掌握的民事习惯写入民法典，可是他的努力基本都被史尚宽所阻止。因为史尚宽所掌握的比较民法学具有无可比拟的专业性、系统性和学术权威性。

林彬主张固有法写入民法典，他用以支持固有法的是民国北洋政府时期所进行的民事习惯调查资料，以及民初大理院在民事裁判中运用民事习惯所形成的民事判例与解释例。林彬以社会现实需要与这些经验的材料为依据，主张对固有法进行加工、提取，与继受法会通一体。但是我们能看到，固有法极其分散。一方面是法律渊源分散，法典用一个条文表达的规范内容，对应的固有法有多种形态，有固有制定法、有礼制、有多种习惯。另一方面，固有法的习惯、礼制、制定法往往不统一，各种规定对应各种具体情况，各种规定之间却存在着矛盾。总之，中国固有法未能实现学术化的内部统一，从而难以直接被纳入到民法典之中。因此，当林彬与史尚宽发生争议的时候，绝大多数情况下都是回到"外国民法是怎样规定"，而不是采纳固有法。再加上时间紧迫，固有法的学术化统一非短时间能够实现。1928年底，在南京国民政府立法院成立的时候，在"六法全书"体系中，其他各项大法（宪法方面有《训政时期约法》）都已颁行，唯有民法典付阙。当时的立法院院长胡汉民将编纂民法典作为立法院首要工作，计划在一年之内完成立法工作。在紧迫的立法时间表内，南京国民政府的各种调查资料，基本没有时间整理采用（短时间内的调查，其调查资料的质量也受到质疑），北洋政府时期的民事习惯调查和大理院判例解释例，同样难以细致甄别、选择。最终，民法是在一年的时间内起草完成的，23个月（1929年1月底到1930年12月底）完成了全部审议、颁布程序。之所以在如此短的时间内能够完成民法典，主要依赖的是史尚宽成熟的比较法知识，以及对固有法的割舍。

第三，民国民法典对少数固有法的采纳，也是通过比较法来实现的，完全符合民法典的"继受法体系"。史尚宽在《民法总论》中对于固有法和继受法有过简单的界定："固有法者，其社会生活发达之结果，以应地而生之规范为内容之法律也。继受法者，继受外来法律之谓也。"也有学者称固有法为"本土法"，在中国的表现形态包括既有的制定法（如《户部则例》《现行律民事有效部分》等）、礼制（对不同身份的人的行为规范）、风俗规约（近代翻译仿效日本的"惯习""旧惯"，而有我国"习惯"的称谓）等。民国民法中最终采纳了多少固有法？吴经熊在评价民国民法时曾说："我们试就新民法从第1条到第1225条仔细研究一遍，再和德意志民法及瑞士民法和债编逐条对校一下，其95%是有来历的，不是照账誊录，便是改头换面。"吴氏认为民国民法95%的条文继受于外国民法，由此可以简单推断出：剩余5%的条文或许来源于中国固有法。梅仲协也从法典的条文来源方面评价过民国民法，他说："（民国民法）采德国立法例者，十之六七，瑞士立法例者，十之三四，而法、日、苏联之成规，亦尝撷取一二，集现代各国民法之精英，而弃其糟粕，诚巨制也。"梅氏大体认为，民国民法为"混合继受"之产物，可谓萃取了各国民法的精华，其中几乎没有中国固有法。如果按照"概念与规范"的单位来进行检索，我们可以从民国民法中发现有30多处"习惯"的规定,有60多个条文与固有法有着形式的渊源关系。

30多处"习惯"的规定,其中民法典第1条和第2条是原则性规定,既明确了"习惯"是可选择的补充性的法源,又受到"公序良俗"的限制。民国民法典严格区分了"习惯"和"习惯法",并把民初大理院关于习惯法成立的四个条件,作为"习惯"转化成为"习惯法"的限制。如此规定,其规范功能非常明确:习惯仅仅是一种法律事实,如果具有法的效力,必须经过"确认",而不是私人可以自治的。其他具体有关"习惯"的规定,都受到一般规定的限制。并且,通过法律条文的比较,我们可以发现这些"习惯"都有外国民法的来源,不是来自中国固有习惯。只有在裁判中被确认可以适用的情况下,才有可能导入地方习惯。因此,这些"习惯"不能直接视为中国的固有法,其直接来源是外国民法,只是在限定的条件下,才可以导入本土习惯适用。

在物权法和亲属继承法部分,存在较多的形式上属于固有法的条文。民法第三编第四章第842条至第850条永佃权,第三编第八章第911条至第927条典权,在形式上都是固有法的法典化。如果进行具体而深入的规范功能分析和价值分析,就会发现:永佃权直接来源于日本民法的"永小作",与中国固有的"一田二主""田皮与田骨"有着巨大的差异。同样，民法中的"典权"并不等同于固有的"典"。中国固有法中的"一田二主"，其"田皮"与"田骨"是同样的独立存在，独立处置的权利；对于田宅的典权与所有权，同样是独立的权利。固有法在同一个物上，可以设立两个独立但并不冲突的主权利，这种分享的价值理念，与西方的共有、主物从物、一物一权的理念有着巨大差别。但是，这些形式化的固有法在实质上都是继受法，固有法仅仅存在一个概念的空壳。

在亲属法部分也同样存在这样的问题，例如"订婚制度"其形式是固有法的，其实质内容却是瑞士法的。由此可见，民国民法形式上保存了5%或者更多一些的固有法，在实质上却基本上是继受法的重新排列组合。民法典非但没有传承中国固有法，而且假采纳固有法之名曲解、歪曲了固有法，这是民国民法重大的内伤。

或许不应该过度批评史尚宽，他当年只有30岁，没有什么司法经验，政府也没有给他充分的时间去研究、整理、总结固有法，在短短的一年时间内不可能完成对固有法的总结。回到当下编纂民法典的场景，我们是否完成了对固有法充分的理解和学术化整理？我们是否能把固有法形神统一地加以传承？时间过去了八十多年，似乎我们仍然还没有完成对固有法的学术总结，仍然无法在民法典中传承优秀的固有法成果。当下编纂民法典也是在政府立法计划的框架下完成,立法时间表也不允许法律家去回过头去对固有法进行梳理、总结。但当下的民法编纂至少应该不要误读固有法,可以在民法中给固有法留下嵌入的空间,让司法实践和学术探讨慢慢积累,逐渐形成对固有法的学术总结和现实转化。

法律史研究对民法编纂的意义

邓建鹏

邓建鹏，中央民族大学法学院教授，博士生导师，北京大学法学博士，研究专长为中国法律史、互联网金融与法制。荣获霍英东教育基金会第十三届高等院校青年教师奖、北京市第十届哲学社会科学优秀研究成果二等奖、第十一届中国法学青年论坛征文二等奖、中央民族大学"十佳教师"等10余项奖励，曾两度独立主持国家社科基金项目。在法律史领域，独著有：《财产权利的贫困：中国传统民事法研究》《中国法制史》（第2版）《清末民初法律移植的困境：以讼费法规为切入点》，兼任中国科技金融法律研究会副会长、秘书长，中国互联网金融创新研究院副院长，中国行为法学会软法研究会常务理事，中国银行法研究会理事，中国法律史学会理事。

法律史学界和民法学界的对话很少，相互知晓亦非常有限，这个小型研讨会有助于促进两个学科的互相理解，并且在可能的条件下，从法律史的视角思考当今的民法典编纂，因此显得非常有价值。

我今天发言的题目叫"法律史研究对民法典编纂的意义"。首先，我要谈的是对中国民事法律制度的简要反思。从清末修订法律以来，中国的民事法律制度基本上沿用西方的，这些民法的原则和具体条文与中国国情有很大差异。另外，新中国建立初期，由于政治上的需要和影响，导致一些民事法律制度并不能很好地基于社会的变化自身作出调整。民事法律的这些特殊性至今仍然存在。

现今民事法律的立法者对法律史不是很了解，或者说法律史学者没有办法在相关领域做出杰出的贡献，以提供给民法学家来参考，这使得我们现今的民事法律制度在一些重要领域未能作应有的调整，更好地适应中国社会。比如，今天我们看一些民法学的著作，它会说德国是什么样的,法国是什么样的,但中国现在、过去几十年甚至几百年是怎么样的,怎么做的,以及中国民事法律制度调整的对象——中国社会是怎么样的,这些著作很少提到。同理,民法条文、原则和现实中国国情之间的隔阂也较大。

我举两个相关的例子。一是我国民法中的继承法来源于西方,与中国的传统做法有很大的差异。中国在家庭财产分割方面过去主要流行的是分家析产的传统,在家中的儿子成家后,即要分割家庭的财产,分立户口。西方的继承是被继承人死亡之后启动家庭财产的分割。中国虽然历史也偶尔出现过依据遗嘱继承财产的实例,但惯有做法不是这样的。中国从儿子成家以后可以分割家产,儿子分割家庭财产,同时承担赡养老人的义务,女儿出嫁后,不必承担赡养父母的义务。中国现行继承法规定子女有平等的继承权,这使得民法相关的法律条文和中国现行的实践,尤其是广大农村的做法、惯例有很大背离。

二是土地问题。在中国,对很多人尤其是农民来说,最主要的资产就是土地。但是由于受现在的法律,包括宪法和物权法等等的限定,中国大量的土地没有办法成为金融资产。比如说农民不可以抵押其承包的土地、宅基地、住房,从而获得融资的渠道,也不可能自由买卖宅基地、农村住房,因此,这种资产基本上是"死了"的资产。虽然国务院在2015年5月份在全国一百三十多个地方进行了农村土地试点,但目前也不过试点而已,将来有什么效果还不好说。在这些法律的束缚下,意味着占比数量非常庞大的财产对于农民来说被冰冻在那儿,无法盘活,这是造成农民贫穷的重要原因之一。中国现在有《物权法》,我近年仔细阅读了《物权法》的相关条文,发现《物权法》对于现在的土地,尤其是农村的土地并没有作出很好的回应,相反还进一步限制了农村土地成为金融资产、成为"活"的资产。中国这么重要的民事单行法律,却在对中国占比这么重要的财产作有意义的规范上基本无能为力。中国社科院有位著名的民法学家当年提出只有制定《物权法》,中国的私有财产才能得到保护。包括现在一些民法学家提出要制定民法典,人们的人身权利和财产权利才能得到保障。我想在这些民法学家的理念和追求实背后,可能或多或少存在一种类似于战国时期法家那种立法的万能主义的理想,认为法律是万能的。李斯主持秦朝的法律制定,当时"万事皆有法式",好像只要制定了法律,未来一切问题都将迎刃而解。我们从法律史的经验角度来看,根本不是这样的。

为什么出现上述这些困惑和问题呢?以我的浅见,第一,近代自鸦片战争以来中国被列强打败后,用法律救国至少是当时一些法律专家追求的目标。诸如清末法律修订大臣沈家本提出要研究最先进的法理,"务期中外通行"。这种心态表达了他们法律救国的伟大梦想。当时的法律家急于求成,急于同世界接轨,但可能忘记了自己的初心,忘却了自己是什么样子。这种状况对现今的民法学家以及民法典编纂仍有很深的潜在影响——迫切地要与世界接轨,要让中国民法典屹立于世界民法典之林。

我研究法律史的时候有一个感受,世界最先进的法理,并不一定是最适合中国的法理。几年前有人说现在世界上最先进的民法典在哪里呢?在埃塞俄比亚,如果对比一下该国现实,拥有一部最先进的民法典又有什么意义呢?埃塞俄比亚请来法国、德国先进的民法学家帮他们立了一个号称在当时最先进的民法典,但在公民人身权利、财产权利没有得到保障的国家,所谓先进的民法典实际上没有任何的意义。所以我觉得民法典的先进并不意味着这个东西是最有价值的。因此,对中国而言,最重要的也许不在于这个民法典在世界上多么先进,而在于这部民法典是否最切合中国的国情,是否回应中国的现实,是否推动中国社会的进步,比方在有效解决农民土地问题上做出自己的应用贡献。

第二,与上述问题密切相关,不少民法学家对中国的现实了解非常有限。在一百年前,中国政府曾经做过民事习惯的广泛调研,以便为当时的民事立法做准备。当然,遗憾的是,这些调研成果并未被很好地吸收到当时的民事立法中去,所以自晚清到民国时期的民法典,曾被人批评为抄袭国外立法的结果。但是在近二三十年来,我们的民法学家连这种民事习惯调研的想法和尝试都基本没有了。甚至有的民法学家,比如厦门大学一位著名教授,认为中国没有什么民事习惯,他能够想到的中国民事习惯就是中国人结婚的时候要闹洞房。我非常佩服这位民法学家研究了很多国家的民法典,但是如果这位民法学家对自己国家的民事法律尤其是民事习惯没有多少真切的了解,如果制定的民法不能很好地适用自己母国的社会,就算把各国民法研究个透,又有什么意义?这样的研究,顶多适合做教室或学者个人书斋里面自娱自乐的珍藏品而已。如果连民法学的研究都不能接地气、不能面向中国现实,而成为高深莫测的纯理论的推演,我认为这将会是民法学堕落的标志。

我想起我自己做的一些研究实践。在2005年前后,我跟我的老师田涛教授一起,我们先占有一些法律史文献,好几麻袋明清以来的契约等文献,到契约所对应的那个地方(安徽)调研当地的民事习惯。比如说过继、收养、买卖、租赁等,研究这些民事习惯和相应的民事规范从一百多年前到现在的流变,调查这些民事规则或习惯在当地的有效性，以及它们和现行民事法律存在的差异和冲突。这种贯穿古今的研究，不仅对法律史，而且对民法学研究都很有意义。但这样的研究民法学家基本上没有怎么做过，在法律史研究里面也不占主流。然而我一直深信，这样的对应性研究，打通过去和现在，可能是非常有价值的。

第三，现在的民事法律制度的制定，尤其是涉及土地方面的民事法律，其实深受几十年前政治意识形态的影响。在此，法律史研究曾经存在很多不足。时人对历史的认识存在巨大偏见，这导致其结论可能完全是错误的，进而潜在的影响民事立法，甚至将来的民法典编纂。我举一个例子，比如现在几乎所有《中国法制史》教科书一般都会说：自从诸如商鞅变法，或者类似历史事件，比如公元前594年鲁国"初税亩"制度实施之后，中国进入了私有制社会，皇帝是地主阶级的总代表。这样的结论正确吗？

若我们回忆一下新中国建立初期的争论，会发现这是很成问题的。当时著名历史学家侯外庐提到中国古代封建是以皇族贵族土地垄断为主要内容，土地私有权的法律关系是没有的。国外一个很著名的历史学家谷川道雄也说中国古代没有土地私有权的法律观念，私有制也是不存在的。大家想想看，"普天之下，莫非王土"的理念在古代是一直受到皇帝支持的。在这种理念之下，各朝法律怎么可能确立土地私有制的法律关系呢？但是，受制于新中国建立初期关于中国古代是"万恶"的私有制这一政治意识形态影响，后来几乎所有《中国法制史》教材和各种《中国民法史》的著作，对民事法律尤其是土地制度的叙述，都沿用了新中国建立初期政治叙事要求下的结论，即中国古代是土地私有制。这样的观点和研究缺乏研究者独立见解，是缺乏思考状态下的产物。贺卫方教授曾说中国的法律史学者用了移山之力编写了各种《中国民法史》，但是根本不入民法学家的法眼，就算民法学家偶尔引用，也只是一种点缀。这种批评可能我们法律史学家很难接受，心里会觉得很不舒服。但是我们一定要认真思考一下，这是不是有一定的道理？如果法律史学者做的民法史的研究因为过分受政治意识形态的支配，法律史研究跟当时历史真实有很大的距离，在这种状况之下完成的研究成果，民法学家有必要去看吗？这样的研究有什么价值吗？

当时政治叙事的要求及背后的原因是什么呢？新中国建立初期，当时国家要解决的问题就是土改，因为最后土改的目标是要搞公有制，为此在逻辑上就得说公有制很好。为了衬托公有制存在优点，相应地，就得突出私有制的坏处，中国古代"万恶的私有制"这样的叙事就出现了。当时的历史学者以及法律史学者必须在理论上论证中国古代是搞私有制的,至于这是否是历史真实并不重要。在史学家和法律史学家的研究中,诸如土地兼并、巧取豪夺等各种各样的坏事都是因为跟"万恶的私有制"挂上了关系。真实状况是,恰恰中国历史上没有私人土地所有制,没有相应的法律制度赋予私人土地所有权,司法上没有对权力机构或权贵兼并私人土地进行有效惩治,才容易发生极其猖獗的土地兼并、巧取豪夺等各种现象。自新中国建立以来,在史学家的叙述中,私有制带来无穷恶果,因此,新中国全面实现公有制就有天然的正当性。如果稍微放眼全球史,包括苏联的一些做法,我们知道,全面实行公有制事实上是违背人性的。中国古人云:"有恒产者有恒心。"英国有谚语:"风能进,雨能进,国王不能进"。这些人类的箴言和智慧都说明了法律确立私有财产对个体的重要性。在全面公有制的社会,人势必成为权力机构的奴隶,这方面有太多历史经验可以佐证。

现在,如果我们再去看一些当代历史学家做的独立研究,我觉得可以确定中国古代是不存在私人土地所有权这样的形态。在土地方面的,《诗经》传播的"普天之下,莫非王土;率土之滨,莫非王臣"理念,在中国古代皇帝的意识中从未被颠覆过的。在这种理念之下,要通过法律来确定个人对土地拥有私人所有权,这样的事情在当时是绝对不可能出现的。一直到现在,中国人对土地不拥有私人所有权这一点上,潜在地受历史的影响甚至支配。但遗憾的是,许多法律史学者很少能正确点出这个事实,多数民法学家更是未能明了这个事实。因此,我们的《物权法》一直在固守以往的理念,却无助于中国特别是农民资产状况的改善。

现在如果要编纂一部对中国公民,尤其对草根的权利真正有意义的民法典,让民法典成为天下之公器,我有如下建议和思考:

第一,法律史研究要超越政治意识形态、信仰和不切实际的理念,研究接近真实的民事法史。一旦存在前述情况的干扰,我们的民事法史的研究可能会偏离历史的真实,严重误导民法学家对历史以及现实的理解,最后将在立法以及后续的司法中出现严重的偏差。比如,《物权法》未能对中国农村土地权利作出更有意义的改进性规范,缺乏前瞻性,使得几年之后国务院经全国人大授权,颁令在一些地区推行农村土地抵押融资的试点,实质上否定了《物权法》相关条款。

第二,民法典的编纂应具有切实的中国情怀,没有必要刻意追求所谓世界上一部最先进的法典。所谓世界最先进的民法典未必是最适合本国现实的民法典,一部最合适的民法典对一国国民而言,更有意义得多。

最后，所谓的最合适的民法典必须回应中国现实问题，因此要求民法学家对中国现实有深刻的理解。一些民法学学者在研究的时候，一旦说起德国怎么做的，法国怎么做的，日本怎么做的，那真是头头是道。但是一旦请教他们中国相应的现实和规范是什么，为什么会这样，相关规则在中国传统中是如何演变或者影响现今的，他们也许只能保持沉默。大家都非常熟悉法律家的一句名言："法律的生命不在于逻辑，而在于经验。"如果民法学家外国逻辑太多，中国经验太少，甚至没有中国经验，依赖这样的民法学家编纂"中国民法典"，可能就会令人失望。对经验的理解途径之一恰恰在于过去的把握。这一方面需要民法学者跟法律史学者，特别是从事民事法史的学者合作，促进相互的理解、交流和学习。民法典编纂前，立法者有必要对中国的国情，尤其是民事习惯作广泛的调研。但各个地方的风俗不一样，不一样的风俗习惯汇聚到一起以后，如何从个别性的习惯抽象成一般性的习惯，最后成为民法典的一些条文和原则，这对于民法学家而言是一个很重要的挑战，也是考验他们民法学术研究智慧的一个很重要的标准。

民国民法典编纂及其当下启示

谢冬慧

> 谢冬慧,法学博士,南京审计大学法学院副院长,教授,硕士生导师,民国法研究中心主任。学士、硕士、博士分别毕业于安徽师范大学历史教育专业、复旦大学法律史学专业、南京师范大学法学理论专业。2010年,完成中国人民大学法学理论专业博士后研究。目前主要研究方向为民国法。1999年转向法学教学与研究,先后担任"西方法律思想史""外国法制史"等课程的教学。现已在《政法论坛》《现代法学》《法律科学》《法制与社会发展》《法学评论》《比较法研究》《中国法学》(英文版)等学术期刊发表专业学术论文百余篇,被人大复印资料全文转载多篇;主持国家社科基金3项;在国家级出版社出版学术专著5部,其中一部入选教育部高校文库。担任全国外法史研究会理事、江苏省廉政法制研究会副会长、法律史学会理事、校"十二五"重点培育学科"法学"一级学科带头人。入选江苏省高层次人才"333"工程第三层次与江苏省六大高峰人才工程B类。

各位同仁大家好，我叫谢冬慧，来自南京审计大学，其实我们南京审计大学和中国人民大学的法律史学科还是有一定的关系，我们现在的校长晏维龙就是已故曾宪义先生的博士后，我本人也是中国人民大学的博士后，我是2010年到了南京审计大学工作的。南京审计大学在科研方面有一些小的特色，一个是以依托行业优势进行的审计法研究，还有一个依托地缘优势的民国法研究。我从事民国法研究，刚才发言的张生教授是民国法研究的大家，我的研究水平不够高，在这里有一点班门弄斧。今天非常感谢马教授给我这样一个宝贵的机会，参加这么一场高大上的学术会议，听了前面老师的发言，我受益匪浅。

我的文章从社会变迁的背景和政法精英的贡献两个方面考察了民国民法典的编纂以及这种经历对当下民法典编纂所带来的启示。文章分为三个部分。

第一，二十余年的社会变迁铸就了民法典的生存环境。

一部民法典的编纂必然与特定社会的政治经济和思想

文化相联系。民国民法典重视民国社会前二十余年政治激荡、经济生活的需求以及思想文化的影响在制度领域的回应。也正由于二十几年的社会变迁才铸造了民国民法典的生成环境。下面从三个方面具体的阐述民国的社会变迁和民法典编纂的关系。

首先政治环境为民法典编纂提供了宏观视野。我们都知道法律与政治密不可分,民法典也不例外。晚清社会中国内忧外患,社会各界、朝野各方,纷纷从理论上提出不同的政治和法律方案,特别是清末变法所建立的近代法律体系,构成了近代法治社会的基本框架。其中《大清民律草案》为民国民法典奠定了雏形和基础。民国之初孙中山先生高度重视法治建设,主持颁布了多项法令,其中《临时约法》有关"人人都享有人身、财产、居住等自由权利"的规定,为体现具有平等精神的人身权与财产权的民法制定起到了良好的体制环境和制度的依据。北洋时期,军事与政治斗争不断,然而,人民都是期望和平的,各种政治力量也纷纷提出了和平统一的主张,这种现状促进了以规范社会秩序为目的的法律创制活动。其中,民法更是社会生活不可或缺的,因此有了《民国民律草案》酝酿和制定。1927年4月份成立的南京国民政府基本上实现了政治统一。理论上,政治统一必然带来了法制的统一,民法典的编纂实际上是实现民法的统一,恰好顺应了当时的现实需求,因此,在南京国民政府时期,民法典迎来了较好的设计、编纂乃至运行的政治环境。

其次是经济状况为民法典编纂设定了微观条件。马克思指出经济是社会的基础,民事纠纷往往因经济生活而起,因此民法典的编纂不能不考虑经济条件。武昌起义之后,各地都程度不同地出现了金融恐慌,钱庄、票号倒闭,即使在临时政府成立之后,商业萧条的局面也未即刻好转,恰恰当时的新政府需要大量的经费支持,因此南京政府成立之后立刻采取了两个措施,一个是发展经济,一个是保护财产。这两项举措为民法的制定奠定了具体的需求条件。但是,北洋政府时期政治分裂,战争频繁,严重阻碍了当时经济的发展。老百姓民事纠纷不断,需要新的民法给予调整。国民政府仍然碰到了更加难以解决的财政问题。可以说民国前二十年,政治、经济都处在极不稳定的环境里,由此引发的社会矛盾,尤其是民事纠纷,为了保持政治、经济的稳定发展,必须制定法理精湛、体系完备及内容精准的民法典。

再次是思想文化对民法典编纂产生的重大影响。在人类历史的长河中,每当社会发展到一定阶段,伴随着生产力的提高,社会结构的变动,必然会在思想文化领域有所反映。19世纪以来,世界主要发达国家的法律宗旨发生了转变,也就是说由个人本位转向社会本位。国家干预主义逐渐盛行,权利的行使要符合社会的公共利益。于是社会本位成为当时主要发达国家民事立法的主要原则。清末民初,这种社会本位的立法原则随着西学的思潮传入中国,对民国民法的制定和民法典的编纂产生了重要的影响。它与当时中国固有的思想观念和国情相融合,成了整个民国时期民法草案的制定的总的立法原则。这是我的论文的第一部分主要内容。

第二,饱经沧桑的政法精英,缔造了民法典的帝国大厦。

精英就是优秀的人士,他是事业成功的关键所在,民法典的编纂也不例外。中国历史上几次大的法律转型都离不开法律精英的发起和推动。民法典作为系统化、专业化、学术化和法律化的产物,它离不开政界、法学界诸多精英的专业知识和技能。事实上,民国时期,众多的政法精英投身到了法律建设事业,正是他们的贡献,才缔造了民法典这座法律的帝国大厦。这些精英除了国内的,还有国外的,他们的作用表现在两个方面:一是政治思想主张的引领作用,二是法典编纂的技术的专业指导。

南京临时政府尽管时间短暂,但是在伍廷芳和王宠惠等政法精英的努力之下,民事立法是小有成就的。北洋政府于1914年开始修订民律草案,直到1918年初完成,包括总则、债、物、亲属、继承五编,其中总则由民国著名法学教授余启昌负责,债编由法学家梁敬錞负责,物权编由民法学家黄右昌负责,亲属和继承两编由法学家高种和负责。可见,民法草案几位负责人几乎都是法学界的精英,他们的专业知识和职业素养保障了《民国民律草案》的制定水平。南京国民政府成立后,为适应新的经济及社会关系,民国民法典很快被纳入国民政府立法计划之中,该民法典从起草到颁布,政法精英们功不可没,正是在政法精英们的励精图治下,民法典的帝国大厦终于落成。

第三,经年累月的历史考验,赋予了民法典的当下情怀。

民国民法典是民国时期民法水平较高的法典,表面上,民国民法典的编纂只用了几年的时间。事实上,从清末变法开始就已经开启了民国民法典编纂的进程,历经二十多年,一批知识分子,爱国精英们经过艰苦的探索与不懈的努力,民国民法典出台之后,差不多又经过了将近二十年的法律实践,直到1949年2月被宣布废除。在民国中后期的社会生活当中,民国民法典可以说发挥了非常重要的作用。

回首民国民法典的编纂及其实践,结合当下的正在编纂的中国民法典,我作了一些思考,这些思考主要从四个方面。

其一,民国民法典编纂需要经过历史的积淀。从民法典制定的社会变迁环境来看,民国民法典的编纂是制定民法历史经验的总结,随着二十余年的政治、经济及社会文化的变迁,立法者的认识水平和立法技能均有所提升。从立法的体系内容到立法的技术水平,南京国民政府比以前有了较大幅度的提升,民法制度建设达到了民国时期的最高水平。当下的中国民法典编纂基础应该可以追溯到三十年前颁布的《民法通则》《继承法》以及十多年前的《合同法》《婚姻法》,再到近十年前的《物权法》《侵权责任法》。我个人认为经过中国改革开放的三十多年的司法实践和历史检验,当下制定一部系统科学的民法典时机已经成熟。

其二,民法典编纂需要政法精英的主持。民国民法典的编纂除了二十多年的经验积累之外,主要归功于拥有较高专业水平和政治智慧的政法精英们。他们是由政治家、法学人等组织的学术职业团体,他们具有追求正义、直面现实,献身法治的应然特质。他们引领时代潮流、富于创新意识,成为政法领域的楷模。因此,政法精英的主持是提升法典水平的关键,当下的民法典编纂,也应该由政法界精英主持,广泛征求并吸纳当下的研究成果。

其三,民法典编纂需要施行法律的配套。民法典在西方被当做社会生活的"圣经",它与普通民众的关系极为密切,因此民法典的每一条内容必须细致具体,贴近社会生活,具有可操作性。南京国民政府时期与民法典本法配套的《施行法》奠定了国民政府的民法法治化的基础。其设计的精细程度超过了民国时期的任何时代,较好地适应了社会经济各个方面的需要,使中国的民法法治现代化达到一个新的水平。由此我们可以得出两点启示,一个是民法典应考察民间习惯的细化,一个是民法典应考虑适法情境。

其四,民法典编纂需要创新元素的加入。近代法学家杨幼炯指出,立法之主要精神重在创造,不在模仿。《大清民律草案》尽管没有施行,但它第一次打破了中国传统法旧的立法体制,使中国古代的民法制度在西方民法典的框架下得以重构,这就是一种创新。

民国民法典在清末《大清民律草案》和北洋政府的《民国民律草案》的基础上制定施行的,它吸纳了当时民法领域最新的立法原则和具体条款,反映了一种新思想和新精神,代表了民法典的先进性和创新精神。民国民法典的创新启示也是明显的,理论上作为一部集科学性、系统性于一体的民法典,其在制定的过程当中不断地加入了新的创新的元素,汲取先进的民法蓝本与立法理念,并在系统研究的基础上进行科学创新,从体例到内容都无一例外。这种创新性是法律的生命之本,不过这种创新应与固有的法律相结合,刚才很多专家和老师都已经提到。社会生活是千变万化的,只有赋予创新的民法典才具备发现问题的超前意识和解决问题的前瞻性。我的发言就到这里,说得不对的地方请批评指正,谢谢大家。

从法史角度看民法典编纂

顾文斌

顾文斌,江苏海安人,中国人民大学法学博士、浙江大学法学院民商法方向国内高级访问学者,副教授职称、江西华邦律师事务所兼职律师、南昌市仲裁委员会仲裁员。其学术研究领域为民事法律的中国化。先后在各类学术刊物上发表学术论文20余篇(其中CSSCI刊物上发表学术论文近10篇),主持国家社科基金项目西部项目1项(《我国民法典编纂法律资源本土化研究》)、省部级课题4项,参与课题5项。主要学术观点:中国传统社会具有实质意义上的民法,此为我国民事立法乃至民法典编纂的本土法律资源;在民事法律制定过程中,不仅要借鉴西方各国有益的立法经验,更应传承我国传统民事法律规范的精髓,真正实现民事法律的民族化、中国化。

对于我们法史在民法典当中的作用、意义,大家已经讲了很多。有一个问题我们必须要解决,今天我们民法典的编纂能从法史里面借鉴到什么?有没有这个借鉴意义?还有一个问题就是,我国传统上有没有民法?就我个人而言,民法有成文和不成文之分,马小红老师研究的"礼"实际上就是我们传统民法的不成文表现形式。所以,我认为中国古代还是有民法的,我们今天制定民法典当然有从古代传统中进行借鉴的必要。我今天主要从法律史角度结合《民法典总则(草案)》的具体条文来谈谈自己的一些想法。

第一,关于传统民法架构的问题。关于家庭关系领域,我国传统民法有一个理念,这个理念就是将调整范围分为家内和家外。之前曾有老师提到,传统民事规则在家里用的是一种不平等的规则来实现平等的价值,或者说家长享有家庭的各种权利,包括财产权及人身处分权,而家庭其他成员是无财、无权,也不对国家直接承担义务,而只对家庭承担义务。这其实是用一种失衡的结构来追求一种平衡的结果。我们现在民法的平等原则是追求民事主体一律平等，但事实上这里的平等就有一个问题，即家庭之内和家庭之外是不是一定能做到平等？这个确实值得我们思考。我曾经跟18岁的大学生谈，我说你跟你父亲谈平等，你父亲也许会说你不听我的，我凭什么给你掏学费？我们在家庭关系中适用了平等原则，但是出现了一个不平等的结果。对此，我建议，能否把平等原则理解为在法律人格上的平等？也就是说，我们不把它放在具体的权利和义务里去理解。

第二，关于民法的基本原则问题。民法的基本原则是指导民事法律行为最根本的准则，民法基本原则中的公平原则，实际上是让我们更多从一种价值角度来判断公平不公平。我们知道公平实际上是一种心理上对价值的认同度，大家都认同，而且都认为合理，这就是公平的。打个比方，如果在一个家庭内部，赡养父母的责任全给了老大，而父母去世的时候却把遗产全给了老三，这在大部分人看来就不公平了。继承法有时会带来的这样的现象，但这并不符合人们对于公平普遍意义上的理解和认知。所以对于这些问题的处理，我们可以通过法史研究来寻找出符合中国传统的一些更为公允的解决办法。对于公序良俗的尊重也是我们传统民法当中一直存在的,这就涉及对风俗的理解。比如结婚时礼金的问题,其到底是恶俗还是良俗?特别是发生纠纷的时候,一方翻悔,或者结婚之后立刻离婚,如何处理涉及礼金的问题?从目前公布的大量司法解释来看,基本都变相地认可了这种风俗。我们经常说公序良俗,但如何来界定"良俗"?还需要学界和实务界提供一个界定机制。如果不好界定,不如用"不违反法律规定"来替代"公序良俗"的表述。

第三,关于民法的价值追求问题。在传统法中我们强调情与法的统一,这里面实际上有一个权利和义务的对等,而且这种对等也符合大家通常的理解和认知,传统法中的这些理念和做法对于我们今天依然有启发和借鉴意义。我们在制定法律规则的时候也应合乎天理和人情,除了要从规则和价值上进行判断,还要从人情的角度来出发。遗憾的是,《民法典总则(草案)》关于养老问题的处理就没能很好地兼顾情与法的统一。草案现在的规定虽然解决了老年人的选任监护问题,但并未明确监护人对需要监护的老人需要监护到什么程度。依照传统法的要求,对老人监护需要遵循父慈子孝的原则,而现在的法律虽然规定了对待老人不得遗弃,但忽视子女与老人之间的情感交流，也没明确子女对老人需提供具体到什么程度的生活保障，而传统民法中对这些规定的都很详细。

最后一个我想说的是关于语言的问题。传统中国民法的语言非常精炼、准确，这也值得我们今天在进行民事立法中吸收和借鉴。

近代以来民事习惯调查及对民法典编纂的启示

孙明春

• • • •

孙明春,河北邢台人。首都经济贸易大学团委副书记,中国人民大学法学院法学理论专业博士研究生,台湾"中央研究院"历史语言研究所访问学人,北京市法学会中国法律文化研究会理事,中国特色镇发展战略决策咨询专家委员会委员。研究领域为法理学、法史学与法律文化。主要学术成果有《中国近代以来民事习惯调查》(载《中国社会科学报》2016 年 11 月 23 日第 5 版),《从家族历史看乡贤文化与乡村治理》(载《法制日报》2015 年 11 月 18 日第 7 版),《法者,治之端也》(载《前线》杂志 2015 年第 2 期),《当代中国伦理秩序的重新建构》(载第三届北京中青年社科理论人才"百人工程"学者论坛编委会主编:《中国道路:理论与实践》,清华大学出版社 2011 年版)。

近代以来,在中国曾进行过几次大规模的民事习惯调查,这些调查因时代背景、实施主体、调查目的不同,其在表现形态、影响传播等方面也存在差异。比如,就调查地域而言,这些调查有的是在全国范围内展开的,有的是在局部区域内展开。就实施主体而言,有的是由中央政府发起的,有的是由地方政府提议或实施的,有的则是由外国殖民者组织的。就调查目的而言,有的是为了法典的编纂,有的是为了司法的推进,有的则是为了长期统治的需要。本文拟从调查目的这一角度出发,将近代以来几次大规模的民事习惯调查分为立法型、司法型和统治型三种类型。下面分述其大致过程,并探讨其对当下的启示和意义。

近代以来,立法型的民事习惯调查主要是两次,一次是清末为了制定《大清民律草案》,一次是南京国民政府时期为了制定《中华民国民法》。20世纪初,为了应对内外交困的局面,清廷被迫进行了大规模变法修律的活动。光绪三十三年(公元1907年),清廷开始筹议编纂民律草案,法部尚书戴鸿慈等在《奏拟修订法律办法折》中指出:"先事之预备,则在调查习惯。"①是年岁末,修订法律馆在奏折中也强调:"中国幅员广阔,各省地大物博,习尚不同,使非人情风俗洞彻无遗,恐创定法规必多窒碍。"②于是,自光绪三十四年(公元1908年)开始,由修订法律馆主持,在全国展开了大范围的民商事习惯调查。据张生先生考证,此次调查大体可分两个阶段,第一阶段为光绪三十四年(公元1908年)至宣统元年(公元1909年),其调查工作主要是为编纂商律草案而进行。第二阶段为宣统二年(公元1910年)正月至八月,主要是为编纂民律草案而进行民事习惯调查。为规范此次调查工作,修订法律馆还专门制定了《调查民事习惯章程十条》和《调查民事习惯问题》二百一十三问。此次民事习惯调查,各省多有贡献,单两广就报送了两函三十本,可惜不久武昌枪响,清廷覆亡,这些调查材料连同《大清民律草案》一起被人弃置一旁。

　　第二次因立法而进行民事习惯调查的是1930年7月南京国民政府制订民法典时。当时立法院认为民法亲属、继承两编与各地习惯关联甚大,"该院民法起草委员会为

---

① 故宫博物院明清档案部编:《清末筹备立宪档案史料》,中华书局1979年版,第842页。
② 《修订法律大臣奏编订民商各律照章派员分省调查折》,载《政治官报》第八四五号,宣统二年正月二十八日。

慎重起见,特先商同院统计处,制定调查表多种,发交各地征求习惯"。① 在此之前的 5 月,南京国民政府司法行政部还依据北洋时期北京政府司法部修订法律馆及各省区司法机关搜罗所得之民商事习惯调查录,增纂而编成《民事习惯调查报告录》,民法典的编纂与民事习惯调查报告录的编订可谓是同时进行。虽然既有专门的习惯调查,又有对既有调查材料的增纂,但从实际效果看,民事习惯对民法典的影响以及民法典对民事习惯的吸纳都十分有限。

近代以来,司法型的民事习惯调查也有两次。一次是北洋政府时期,一次是人民政府在陕甘宁边区统治时期。1917 年 6 月,奉天省高等审判庭因"于法规无依据者多以地方习惯为准据……习惯又各地不同,非平日详加调查不足以期明确",②故呈请北洋政府司法部创设"民事习惯调查会"。此提议得到司法部首肯。第二年初,司法部"通令各省高审厅处仿照奉天高审厅设立民事习惯调查会",于是民事习惯调查事务遂在全国铺展开来,以期调查成果能为"裁判案件"提供参考。1942 年 5 月至 1944 年 9 月,陕甘宁边区高等法院组织各县司法审判人员也进行了民事习惯调查。调查人员对延安县、镇原县、清涧县、合水县等 8

---

① 杨幼炯:《近代中国立法史》,商务印书馆(上海)1936 年版,第 379—380 页。
② 《民商事习惯调查录》,载北洋政府司法部:《司法公报》第 242 期,1927 年版。

个县的民事习惯进行了搜集和初步甄别,形成了《边区各县有关风俗习惯的调查材料》。此次调查所收录的民事习惯涵盖了婚姻、继承、土地交易、典当以及商业活动中的某些规则等,调查人员将这些习惯按"应当遵守""应当改革""无法把握""坚决取缔"进行分类和甄别,其中"应当遵守"的民事习惯在司法审判中还得到了适用。

统治型民事习惯调查只有一次,就是"南满洲铁道株式会社"因日本侵华统治需要而对中国北方广大农村地区政治经济情况和风俗习惯所开展的长达四十余年之久的社会调查,所以这一调查也可以被称为殖民型民事习惯调查。该调查内容全面、资料翔实,海外学者利用这批资料产出了一批很有影响的学术成果,如杜赞奇的《文化、权力与国家》、马若孟的《中国农民经济》以及黄宗智的《华北的小农经济与社会变迁》等。目前,这批文献的重要性已为国内学者所关注,由华中师范大学中国农村研究院牵头编译的《满铁调查》中文版第一辑(4册)已于2015年1月正式面世,预计该系列丛书出版齐全将达到100册左右。

纵观近代以来发生在中国大地上的几次民事习惯调查,对我们当下有以下几点启示:

第一,民事习惯调查体现了当时统治者、立法者调和"西法"和"中习"关系的一种自觉和努力。中国近代以来的法制现代化是在"西法东渐"背景下被迫开启的一次艰难转型,清廷在变法修律开始时就强调要"参酌各国法律"与"务期中外通行"二者兼顾,这"务期中外通行"其实就隐含了当时政府对自身特殊性的关注和体认。尽管由于时局动荡,再加之急于获取列强认可,后来的立法在"参酌各国法律"方面绝对有余,而在"务期中外通行"方面做得明显不足,但在不同时期重大民事立法启动前开展或同步开展大规模民事习惯调查,还是体现了统治者对自身固有习惯进行体认的文化自觉,并在此基础上不断调和"西法"与"中习"紧张关系的尝试和努力。

第二,近代以来几次大规模民事习惯调查积累了丰富翔实的文献资料。如北洋时期北京政府开展的民事习惯调查在全国铺开后,"各省除边远外,络绎册报,堆案数尺,浩瀚大观"[①];日本殖民者在中国大地长期开展"惯调"积累的资料更是洋洋大观,华中师范大学中国农村研究院耗时5年之久已编译出版了2000万字,全部编译完约有1亿字左右,真称得上是浩如烟海了。但新中国成立后,不论是学界还是司法行政部门对这些文献资料关注都不多,即便有关注也基本集中在南京国民政府司法行政部编制的《民事习

---

① 汤铁樵:《各省区民商事习惯调查报告文件清册叙》,载北洋政府司法部:《司法公报》第232期,1927年版。

惯调查报告》，如胡旭晟等对其进行了重新点校出版，梁治平先生在《清代习惯法》一书中将其作为主要研究材料，苗鸣宇也据此撰有《民事习惯与民法典的互动：近代民事习惯调查研究》一书。相比较而言，学界对其他时期民事习惯调查文献资料的研究和使用明显不够。

第三，重新思考习惯与法律的关系。近代以来，不少立法者和司法者都意识到了"移植来的西方法律"与"中国固有民事习惯"的矛盾和冲突。尽管有了几次大规模的民事习惯调查，意图调和这种矛盾和冲突，但一般在开始时都轰轰烈烈，实际效果却差强人意。这一方面有时局动荡和急于获得列强认可的原因，如北洋时期，"华盛顿会议"就打乱了北京政府开展的民事习惯调查的既有步骤，为尽快收回治外法权而仓促制定了中华民国《民律草案》。也是自中国近代第一部民事立法就确立了"本律所未规定者，依习惯法；无习惯法者，依条理"的这种关于对习惯的认知套路所致。在这种预设下，习惯和习惯法相较于国家法，是处于下一级或低一等的一种落后的规范形态，在司法适用中也处于"捡漏"的补充法源地位。而且，在近代以来，国家制定法获得突飞猛进地长足发展，民间习惯日渐式微，造成了马建红教授所说的"国进民退"现象。即便习惯法获得了一种补充法源的地位，但因缺乏详细、统一、标准的调查、识别、适用规定,其基本沦为了立法上的一种装饰和摆设。

十几年前,胡旭晟曾在《20世纪前期中国之民商事习惯调查及其意义》一文中谈到:"民法学界将如何避免一部脱离中国国情的西方民法大拼盘?当代中国又将何以向世界贡献出一部真正中国的民法典?我不敢想象,没有对20世纪前期之中国民商事习惯调查资料的全面清理和深入研究,没有新一轮的中国民商事习惯调查,未来中国民法典的创制将会是怎样的命运。"[1]往者不可谏,来者犹可追。当此重启民法典编纂之际,近代以来中国民事习惯调查的经验和教训不得不引起我们的关注和深思。

---

[1] 胡旭晟:《20世纪前期中国之民商事习惯调查及其意义》,载《湘潭大学学报(哲学社会科学版)》1999年第2期。

附录：思考与争鸣

民法典编纂与法史研究反思研讨会会议记录

冰火相融：民法典编纂的历史视角与法史研究的
　　破局尝试／孙明春

中国法律评论·学术沙龙：民法典编纂与法史研究反思

民法典编纂与法史研究反思研讨会会议记录

第一环节讨论

马小红：我学习法律史这么多年，但始终不敢去触碰民法学，因为理论太深奥了，我就是一个外行，怕在学术研讨中由于是外行而不知内行之所云。但对于民法应体现民族风格这一原则还是知道的，因为清末修律就开始说"风俗者法律之母也"。社科院法学所高恒教授曾对我说："如果有精力，再好好研究研究民法原理。不研究民法原理，中国古代礼法关系的研究也难说出新意。"民法学与历史学、民法与传统之间的关系应该是非常密切的。孟德斯鸠说法的语言一定要让大多数人能懂,民法尤其如此,因为民法最贴近老百姓的切实生活。这让我想到中国古代,就是一个文盲也一定会懂得礼,也许就是孟德斯鸠说的这个道理。礼要求的忠孝节义,在宣传时变成一个个故事,人人能懂。现在的民法的表达、宣传似乎与社会现实就不那么相匹配。我不了解西方是不是如此,但出自西方学理的法言法语与社会真是有隔膜的,不知道他们是如何实践孟德斯鸠理论的。近代以来的中国更是如此,不是学习法学出身的人对这些法言法语很难理解。中国古代律的语言非常精确,因为关系到人命。但律的宣传也是非常普及,每年冬季的乡饮酒礼就有读律的内容。当然,反思现代法律与社会的隔膜,法律史研究的滞后确实有责。1979年以来法学发展很快,民法也好,刑法也好,行政法也好,我看到的教材确实与时俱进。而法律史的教材与30年前编的几乎没有大的改变。刚才王老师、石老师、田老师都提出了传统和现实的连接问题,这确实很重要,就是立法如何能照顾到历史传承,使社会生活与民法相协调而不是隔阂。

石佳友:对,法国是非常协调的。在法国就有很多这种故事,民法典是一部文学作品,有的学者每天都要朗读民法典,因为民法典它读起来很优美。从另外一个角度来说,包括巴尔扎特,大量的文学作品广泛引用民法典,还有我们说包括引用了破产管理人等内容,这都是有民法典的规定的。对于外行比如小说家,他们对民法典的规范是很清楚的,所以对于法国人来说是没有问题的,但是确实风格不一样。这是因为启蒙运动是在法国,所以受启蒙思想的影响是很重的。反过来在德国完全不一样。就像比较法,德国从来没有一个文学家把德国民法典多少条写到自己的小说里面,这是因为两部民法典的风格不一样。当然并不是说哪一个好哪一个不好,我不是这么认为,但是从中国的路径选择上,我认为我们应该更多地借鉴法国,"通俗易懂"对法典的传播是有用的。就像刚才王轶老师说的,完全通俗易懂也是不可能的,作为体系确实有自己的范畴,不是所有人都能明白的,这也是学科对于自己精确性的一种忠实。但在这个前提下,我们还是应尽可能地保证法典通俗易懂,这也是法典传播的生命力所在。德国法很精确,就像王轶老师提到的法律行为的概念,德国法极其精确,在所有的场合,同一个范畴都是指向同一个意思。反过来法国法律学在不同的章节里面可能有歧义。另外,德国法过度追求精确,是一种教义学里面的简约主义。这也是一种批判,你可以从不同角度解释。我国《民法通则》立法以来,应该说我们的立法总体还是比较平实的,包括我的论文当中也有提到,我认为在当代,特别是2000年之后,我们有一些民事立法越搞越深奥,有一些词确实越来越让人看不懂。我也提到了当代立法的反思问题。

王轶:张生教授应该有发言权,他研究民国时期中国的民法到底怎么形成的。

张生:我正想给王轶教授提两个问题。一个问题是:《中华民国民法》的文字稿出自何人之手?现在我们一般都断定,民法典的主体内容是由史尚宽完成的,但最后的文稿却不似史尚宽的文笔。从他的民法全书能看到,学术性很强,不免有艰涩难懂的感觉,可是民法典的文字却简洁流畅,应该是经过某人统一润色过的。这是一个问题,不知道王轶教授能不能给出一个答案。另一个问题是,自清末以来,翻译德国、日本等国民法,其中有不少误译或翻译不准确的词汇,有些甚至现在还在沿用。不知王轶教授可否给我们列举一些误译或不准确的翻译。当下在编纂民法典的时候,这些历史上的错讹是否可以一一加以改正?

王轶:谢谢张教授,其实他问我的问题应该由他来回答。我先从第二个问题说起。其实在全国人大常委会法工委组织的多次民法典起草专家研讨会上,当讨论到意思表示与民事行为,在讨论的过程中出现这么一个论证的理由。有参与讨论者讲,谢老师在生前的时候曾经说过,为什么我国《民法通则》当时在民事法律行为这个词上又创造了上位概念，就是因为前辈的有些民法学家对民国著述中的一个词产生了错误的理解，就是民事法律事实中间的司法行为，这个司法行为就是指满足国家所设定的特定价值取向的行为，就是被判断为合法的行为。在这样的背景下，当时有前辈的民法学家提出一个置疑，法律行为是司法行为的概念，司法行为都评为合法的行为，法律形式就说明是合法的。怎么可能有无效行为的说法呢？认为这个讲不通，所以一定要创造一个概念，以这样的一种误解，以这样一种当时的情形作为一个理由，今天必须得改。我们已经错了30年了，这次编纂民法典一定要改成民事行为或者民事法律行为。在我看来，这根本不是理由。当时为什么用民事行为来作为民事法律行为的上位概念，是基于这样一个动机，基于这样的一个缘由。民法问题中的解释选择问题有一种是语言的习惯问题，使用语言的规则，如果是有的话一定是由使用的语言习惯决定的，所以那个理由根本构不成有效的理由。

结合刚才张教授所提的第二个问题，有一些词用错了，举一个例子是"情势变更"。严格意义上来说这不符合我们中国的表达习惯，可能就是从日语汉字直接翻过来的，但我想词语的使用不是一个对错的问题，而是哪一种词语的使用更符合既有的词语使用习惯的问题。所以我想如果我们已经习惯了,我觉得没有要改的必要性。其实关于民事行为我也是这个态度。我是特别不同意一定就得改成法律行为。中国政法大学李老师还专门写文章说最初民国时候翻成法律行为就翻错了,应该叫做法律交易行为,所以我觉得这是由习惯来决定的。你问的第一个问题,那个问题我相信张教授目前做的研究就能回答这个问题,我从来没有思考过,所以我很抱歉,我说不出是什么原因。

姜栋:我就着刚才几位老师往下说,首先,我所有想法的出发点在于民法典的编纂,因为这是我们聚在这一起的原因。同时我的视角可能是从法律史的角度来看传统的问题,在这个地方我不太用"传统"这个词,我可能更要用"国情"这个词,因为刚才很多老师都说过这块儿。曾经在我刚上研究生的时候,大家都在谈法律的本土资源,但是我一直在想,学了这么多年的法律,经常跟同学和老师讨论,你能告诉我在民法典里面,如果要编2000条或者3000条,无论编多少条能不能告诉我多少条是真正意义上的具有特色地颁布出来的?能够有多少条是我们自己国家传统当中出来的?我觉得这是一个很有意思的问题,甚至我还有更加直接的想法,民法典编纂能否反其道而行之?我们就把德国的民法典一条一条的来看,哪一条在中国不能用,不能用的原因是什么,是德国民法典本身有问题,还是确确实实跟当代的中国的国情发生了冲突。这个时候我们引入中国的传统和国情，从一种比较极端的角度来看它的正当性。我记得在英国法里面，英国法把习惯当成它的渊源，首先看它的久远性，它有一套体系我们可以去借鉴，这是技术性的问题。

抛弃所有的法学思维，用正常人的逻辑分析来看，第一，我认为中国的民法典编纂，我们首先得承认一个前提，"民法典"不是一个东方的概念，这是一个舶来品。其次，这个舶来品跟我们传统之间有一个断裂，所以我们才会有今天这个会，否则我们不会有这个会。在这种情况下，我提出这样一个想法，这个舶来品跟我们的传统之间发生关系的时候，如果我们能找出一些东西，在我们的传统里面或者国情里面的东西，对于民法典编纂是不可替代的，我相信这将是今天我们这个讨论环节一个极大的意义。如果找不出来，我们也不能对其视而不见，因为有些传统在某种程度上作为一种惯性已经融入到我们的当下，已经成为了国情当中的一部分。而就在这个探寻和追问的过程中，我们其实是在为当下的中国达成一个共识，一个有关于传统与现代、新与旧如何有机融洽在我们的生活中的共识。

第二，我们都是学法律的，我们找寻传统时，有多少是传统上的生活问题，有多少是传统上的法律问题？更简单来想，我们有多少传统上的法律意识直接的被现在的民法典所借鉴？我第一个想到的是"户"的概念。在某种程度上来说，我们对传统的借鉴并不是真正意义上做到了形神兼备，我所说的"形"就是户概念的本身，我所说的"神"就是概念背后的价值观念。中国古代传统的"户"更为重要的一个含义，它是中国古代传统治理上义务的主体，起的是一个税负、徭役等的担当主体。随着农村农业税的取消，我相信"户"在中国历史上所承担的那点功能基本上消除了，更多的是当代意义上的权利主体。我们确实继承了"户"这个概念，但是我们并没有完全继承"户"本身在传统法律中承担的全部理念。中国人是典型的实用主义、拿来主义。我们能拿国外的，为什么不能拿古代的？之所以拿古代的，如果我没有理解错的话，从我小时候到现在，我理解的个体工商户，当时在社会转型期间一个个人资产不可能撑起来一个所谓的商业行为，因此我们需要一个"户"的概念。我不知道我的理解对不对，我没有做过调研，只是我内心的一个感受。在这种情况下它既是传统的，也是一种现实的考量。所以我们在吸收传统的时候，能不能做到形神兼顾？我觉得"形"可以借鉴很多，但是"神"很难，因为整个文化背景完全变了。所以我借用另外一个词来说，就是惯性，传统作为惯性，已经沉淀在现实生活中，但有的在现实作用下发生了改变。它在多大程度上有影响，这需要我们去甄别和筛选。

我用一个一般人的思维，把事情分为事前和事后，讨论民法典的编纂也分成事前和事后，就像一个坐标轴，原点的左边是在民法典编纂之前，右边是民法典编纂之后。民法典编纂之前，我们无非讨论这样两个问题：第一个是我们通过什么样的价值作为精神内涵把民法典串起来？第二个是具体的技术性的问题，关于规范制定等方面的。在这两个范畴之内，第一个是价值体系问题，有哪一些我们必须借鉴的传统？如果不借鉴传统，民法典在中国就很难充分发挥。我马上想到仁义礼智信，哪一些我们必须深入到这个里面去？首先是"信"。信这个问题中西方都在讲，可能从功能主义角度来讲，中国的"信"和西方的"信"是一样的，也是一个形式的问题，功能主义在某一种程度上把完全不同的东西都能够说成是一样的了。比如，我们可以用杯子喝水，我们也可以用茶壶喝水，但是本质上有很大的不同。如果从价值层面讲，我们能不能找到必须是不可替代的中国传统的价值观念并放到民法典里面去？而且和西方的价值观念不同，可能才会在真正意义上彰显中国所谓的地方性的特色，所谓中国的本土资源。

在编纂的规范性问题中，我只谈一个表象性的问题。

在编纂体例上,我们可不可以借鉴中国的《大清律例》?美国法中制定法的体例没有把例的成分放进去,但是在美国学界所创制的法律体系里除了有条文之外,它还有 comment,有一点类似于我们的律疏,写得很详细。美国法典的 annotation,也是在制定法的条文之外,加上了判例和一定的解释,虽然 annotation 不是官方的,但也说明从实用的角度上,这种体例其实比较有价值。在编纂的过程中,我们唐律里的"八字例"的用法,其实也是可以去借鉴的。这些东西在技术和传统上给我们很多的参考,我们其实可以把这些东西实实在在地拿出来,作为中国传统法律文化对中国的民法典编纂的贡献。

事后的问题是解释,因为民法典要适用,这就需要解释和分析。在这种情况之下,基本上人类在思维方式上具有一定的一致性,比如三段论,恐怕比较难抽象出比西方更为精致所谓的法律解释的规则。我觉得从事前和事后,规范成立前和规范成立后,规范的编纂过程中和规范的适用过程中,我们可以这样一点一点地挖掘出,到底有多少是适用于我们真正意义上中国传统法律文化和中国的传统。

刚才蒋老师说到的习惯法我觉得特别好。在一两年前,我们院请了一批年轻的老师,由王轶老师主持,让年轻老师看民法典的草案,从不同学科看。不同的学科,有时候对一个问题的刺激—反应是不一样的。我很感兴趣的是习惯问题，当时我仔细查了下，主要从北大法宝和裁判文书网查含有习惯的法条和判决书。我发现在法条中，习惯主要和民族习惯连用，而在司法裁判的领域，大部分习惯不被当成一个法律渊源，而是当成一个事实。基于习惯和事实来认定某一个法律行为是否成立，我觉得很有意思。当时在那个会上我提出来，过去在民国的时候，包括在清末的时候，都曾开展过民事习惯调查，这些习惯调查出来之后，到底有哪些传统我们现在实实在在的还在用。像刚才蒋老师说的新习惯法的出现，比如说网络问题，在这个时候我们反而可能找到一些真正是中国独特的东西，但未必是传统的。在这种情况下，出现了另外一个问题。我们是否在民法典里面做一个兜底性的条款，把习惯作为法律渊源？我是坚决支持的，有比没有好。如果这条放上去之后，在大量的真正的司法裁判里面基本上都不会用这条，当做事实认定来用，这可能会出现另外一个问题。

我从这样几个角度来讲，在什么情况下我们有针对性地找出，能够和民法典编纂极为切合的、紧密相连的传统中国法上的资源，可能会使我们对法律这种地方性的知识认识更加深很多。我看到论文集里面有很多提到关于我国《婚姻法》解释的问题。从说文解字来看"婚"和"姻"，中国传统结婚肯定有房子,这个大家都很清楚。这种传统影响至今,如果结婚的话,一般都会向男方提出房子要求,看现在中国的现实,虽然不是中国的法律规定,但是已经成为一种惯性,上网搜一搜女方愿意"裸婚"的比例远远低于男方。而这种传统又跟另外一个问题发生了化学反应,中国越来越高的房价意味着结婚没有别的办法,只有把家长的钱拿出来,才能娶一个媳妇。有一些地方倒过来由女方出,问题是一样的。在这种情况下我问了很多国家的朋友,第一个问题:你儿子结婚你会拿你所有的积蓄给他买房吗,而且仅仅是首付。很显然,答案都是不会。但现在我们身边好多的婚姻都是这样的。从理论上来讲,我觉得我国《婚姻法》的司法解释三的规定其实挺没有人情味儿,但是这又是在传统和现实的交织下作出的一个不怎么好的妥协。可能这么去规定,在司法判决的时候法院相对会比较容易,不存在房屋升值了以后这个钱到底怎么判的问题。这个确实是传统,但是传统可能是决定性因素之一,里面还有现在的国情。如果真让我拟发言题目,我可能讲国情意义上的民法典编纂,在此过程中如何对我们传统法律文化进行借鉴性适用,或者是一种吸收。

张中秋:我觉得姜栋的核心聚焦在习惯、传统和价值观上,这是综合在一起的问题。可以这样说,如果从动态来讲，传统、国情、价值观、习惯都不能作固定静止的理解，它们是动态的。以动态的形式来看，我觉得反映在民法典中各种各样的价值观、传统、习惯，正是现实国情。所以，在理解这个问题时，要保持动态的、综合的、开放的思维。

姜栋：我觉得我们是活在当下的，传统的可以拿来用，国外的也可以拿来用。

张中秋：刚才说习惯有恶习，但没说有坏传统，"传"是传承下来的，"统"是大家共同认同的。这是动态的，与当下交织在一起的，是分不清的。

金欣：我觉得姜老师刚才提出了一个很好的问题：为什么就算一部外国民法典非常完善，但也不能直接拿到中国来用。因为在现代国家建设中，民法典编纂是国家建设的一个重要方面，某一个外国民法典可能非常完美，但是它不是中国的。这个中国有两层含义，一个是作为 state 的国家，另一层是作为 nation 的国家。在现代国家建设中，法律本身是非常重要的一个因素，耶内克提出国家法人说，凯尔森则认为国家作为一种秩序，就是法律秩序统一体的体现。在现代国家建设的过程中，必须要建设这个国家、这个民族的法律体系。民法典是法律体系中非常重要的一部基础性法典，另外一部是宪法，一个是从下往上，另一个是从上往下。所以说中国将要编纂的民法典不仅仅是作为法律体系中的一部分，更重要的是中国从传统帝国向现代国家转型过程中构建作为现代国家的"中国"的一部分，因此它必须以中国人的生活方式或者说中华民族的生活方式为根本基础，是从我们中国人的世俗生活的模式当中提取出来的规则。而在这个基础上，中国的传统是我们国家建设不可缺少的一个思想和文化渊源。这是宿命性的，没法排除，否则作为现代国家的中国是否成立，其正当性就存在问题了，这是一个非常重要的因素。

另外一点，在我国，国家主导推动社会主义法律体系建设，民法典编纂问题在法学界讨论得非常热烈，民法典编纂完成好像也有了时间表。习总书记讲话中也谈到要把党的思想融入到法律之中，用法律来推进党的意志。我觉得这是我们国家的党国体系的运作方式发生了非常重大的转型。之前我们讲的党国体系本身是靠政治管控、压制等手段，但是我们国家现在希望通过用法律化的方式来重构党国体系的治理模式。我正写一篇文章，叫做《法典编纂与国家建设》，我讲的就是文章中的一些观点。

田飞龙：第一，即便标准的德国民法典在中国完全适用，但是它也忽视了民法典对于中国的国家建构和主体重塑的特别意义。此外还有意义维度，这个意义维度不是任何一个规则能解决的，在这样一个国家，民法典编纂之后是一个新的历史时刻。第二,民法典和宪法典,我还想提一个后民法典的担心。改革开放三十多年以来,修法典固然非常重要,但是实际上法制的实施更加重要。为什么呢?宪法典早于民法典三十多年,但是并不意味着中国的宪政得到规范实施,将来2020年预期《民法总则》会通过,民法典阶段性工程完成或者框架性完成,是否意味着中国的民事法律秩序就能够在国家的市民生活或者公共生活中起到真正的权威作用?是否意味着把民事立法提高到民法总则或者民法典的高度,就像曾经的宪法典一样,就真的能够构建驯化权力、保障自由、开辟新路等这样的一种权威性的框架吗?其实还有待于考量。根本的问题不仅仅是法,而是政治再造,或者优良政体的生成,这才是一切法包括宪法、民法得以规范实施,得以充分释放理性功能的前提,所以政治宪法学者的关注可能在这里。

第二环节讨论

姚中秋:接下来让我们思考一个问题,"孝"这样一个中国人的核心价值要不要出现在我们的民法典里面?刚才讨论了很多,现在有很多遗弃老人、虐待老人或者对老人不敬的,或者不搭理老人的,经济结构的剧变使这个问题变得日益普遍,立法究竟如何面对？我们是听任这样的个人主义的价值逐渐让中国的"家"尤其是代际之间的关系解体,变成契约化的组合,还是我们要继续维持中国人的特殊的一个"家"？今天曾经有人讲过《拿破仑法典》也很重视家的概念,中国人理解的"家"和法国人理解的"家"是有很大的区别。中国人理解的"家"是更强调代际之间的传承,所以"孝"应该是对于普通的中国人来讲是一个根本的"家"。我们讲对孔子来说,仁是一个最重要的价值,但是体现在日常生活当中就是孝。如果你不爱你自己的父母,你不能孝敬自己的父母,还谈什么仁爱呢？我们在传统的整个民事规范中,不管是礼,还是孝都是作为一个根本观念来处理,贯穿整个法律规范体系。我们今天该怎么对待它？我觉得这是一个非常关键的问题。中国的民法典是不是中国的？我认为有一个最主要的检测标准就是孝有没有进入民法典,我就把这个问题提出来。

黄东海:我有两点疑问:相对宏观的是法史和法律文化研究以何种方式进入和影响民法典？而微观一点的是,我们刚才说了很多习惯或者文化上的东西,请允许我反问一下:如果这些民事习惯都进入了民法典,已经法典化了,那它还能算是习惯或者习俗吗？

这两个问题与我的个人经验有些关联。我过去做过十多年法官，从事民商事审判司法实务，我现在也在做一些民商事习惯的研究。在这些研究当中，我发现其实我们研究的许多习惯、习俗、法律等，都是对人的社会行为的一定的约束规则，但这些规则和约束之间，其实是有层次和区别的。我个人虽有此感觉，但并无精深的法理法哲学思考和研究。所以借用一下范忠信、郑定、詹学农三位老师在他们的一本书《情理法与中国人》中总结的情、理、法这个很好的提法。但我感觉，这个提法非常重要，但是"情、理、法"三者之间的关联和区别，该书乃至许多此后的研究一直没有说清楚。我觉得很有必要继续研究。

我曾经在《中国图书评论》上发表过一篇文章，很冒昧地提出自己的一些想法："情、理、法"实际上是不同社会规则层次的。首先看"情"。实际上经过很多动物社会学家的研究，许多动物他们都有移情，因此会产生约束自我行为的社会规范心理。我想，是不是所有的生物，包括动物或者高级动物他们都有"情"？"情"是一个已经内化的社会规则的本能反应。不需要思考，我就知道自己该怎么做，我认为这是一个层次。根据"情"来约束行为不需要懂法理。"理"是人们主观努力试图总结和把握社会交往中应该怎么做的规则。这个层次，是通过思维逻辑推导出来的一定规则。而第三个层次的"法"才是最麻烦的，因为这是人类有意识地、强制性地干预社会生活的规则层次，但是我很可能感情上不认同，"法不容情"。我的"情"没办法引导我往那个方向走，但不得不已，因为有"法"。

在情、理、法的层次里，我认为真正只有外显的、强制性的规则安排才有资格进入法律，而不是我们说的习俗、孝道这些东西都一股脑儿地进入民法典，这是我的一个认识。张中秋老师上午提到的观点我非常赞同，"中国人很多东西是道德化的"，它内化于心，外化于形。但如果把我们的这点儿文化的东西，和别人所不一样的东西，看成是盐巴，它已经完全化到水里面去了，有必要再把它重新提纯出来，变成盐巴，变成法典的条文吗？有一次，我儿子问我文化是什么，我说我也不知道，但突然我想到了一个很方便的例子。我说，你跟我姓，你没有跟你妈姓，这就是文化。但这类社会文化规则要不要进入民法典的条文？具体到"儿子跟老子姓"的规则，我觉得没有必要。那么，别的习惯、习俗呢？

所以，我们今天不仅仅要研究、发现许多传统民事法律文化习惯和习俗，也要研究这些东西该不该进入民法典、怎样影响民法典的编纂。这也许是另外一个层次的话题，或仅仅只是我个人的一个不成熟的想法，请大家批评指教。谢谢大家。

王轶：民法典编纂的过程当中，民法学界和实务界也讨论过这个话题，进入到民法典条文资格的问题，什么样的规则才能够进入到民法典，成为民法典里面法律的规则，这个跟姚老师、小黄老师谈到的问题都有关系。人们经常会拿《德国民法典》作比较，像北大法学院的魏老师他近期有很多文章都在讨论这个问题。他强调说，《德国民法典》总体是以民事权利，尤其是以请求权为核心，来完成整个民法典的体系构造，他其实是对实际的诉讼去作学习总结时，把请求权从诉讼的法律形式中间剥离出来，所以他作这个规则设定的时候强调，进入到法典中间的都应当是可诉讼的、可执行的。但是的确也像刚才几位老师提到的那样，咱们中国的民事立法还真是有一些跟他们不大一样的地方，不大一样的地方在哪儿？这也是他写文章着力倡导的，他说我们不要以民事权利请求权体系为核心构造我们的民法典，我们要以民事权利、民事义务、民事责任，以此为核心构造我们民法典的体系。这位老先生都已经病重住院了，每次见面都强调这一点。①

我国的民事权利、民事义务有一些是不相关的，比如说

---

① 北京大学法学院魏振瀛教授因病医治无效，于2016年9月5日辞世，享年83岁。——编者注

有一种类型的规范我喜欢叫做倡导型规范,不采用只是会自担风险。出卖的标的物应该属于出卖人所有或者有权处分,其实如果不是出卖人所有或者是有权处分的,合同也是生效的。以往在学术上也有一种主张认为不影响合同的效力,这时候你要自担风险。你可能要向对方承担违约责任,这时候的义务就不是一个可以通过法律去强制执行的义务。像我国《合同法》第158条第1款、第2款里面还有关于所谓通知义务的。咱们的立法上面类似这样的一些规则的确不是以诉讼为核心进行考虑的,在这样的背景下可能为进入民法典法律条文的资格就开辟了一个跟《德国民法典》不一样的通道。我注意到立法机关民法总则的全面征求意见稿上其实也还是有一些这种所谓的倡导性规范的。

张中秋:第一个是很多中国古代的法律,它也是一个导向,所以,可能在中国有传统,也有必要,法理上也是能说通的。第二个是姚老师讲的"孝"这个问题我也说两句。中国传统的孝有两个核心内涵,第一是养,生活上要供养;第二是顺,老人要顺心,那就是感情的交流和对老人的敬重。养是容易做到的,但是顺很难做到。养和顺都是孝的核心内容,但是孝在今天能不能以某种形式存在,不仅是它的观念能不能接受,而是它里面的法理是不是被当做天理来认同和接受。中国人是一体化的,天地人一体化,家庭一体化,父母子女是不能分开的。父母把子女生养出来,抚养长大,这是天责,这个就是父母对子女的一种贡献。等到父母老了以后,子女就要反过来赡养父母。所以,中国人认为父母子女作为家庭的成员是不分离的,是有机生命体,去了谁都不行。如果中国人认为是可以分离的,那么孝就能够被替换了。

王轶:我估计对立法机关来讲,他在琢磨法律义务和法律之外的区分问题。

姚中秋:实际上上午还讲到一个很重要的事实,就是现在青年人的房子好多都是父母给买的。

第三环节讨论

罗正群:我说一点体会。一直以来,北京市法学会中国法律文化研究会是我重要的关注点,也是我的主要服务对象。2016年初市法学会新建立学会机关干部联系、服务研究组织制度,我本人作为中国法律文化研究会的联络员,虽然有热心,但服务水平还有待提高。我非常感谢马老师,能让我参加研讨活动,给我提供难得的学习机会。

市法学会对中国法律文化研究会一直非常支持。想当初刚成立的时候,会员才30多人,连基本要求的50个会员都没有达到。考虑到中国法律文化研究的专业性特点,凡是学术有成的专家学者都吸收到了研究会中来。7月3日,我参加了"中华法文明——澳门法文化研究专题研讨会",今天我又参加了"民法典编纂与法史研究反思研讨会"。我谈两点体会。

第一,马老师作为法律文化研究会的会长,主导的这些研讨活动给我的印象是专业性非常强,而且非常有特色,学术氛围深厚。在这个平台上,每个专家能够充分发表自己的意见,交流互动,推动了学术研究的深入发展,使专家彼此之间受到启发,产生了意想不到的效果。

第二,感谢中国法律文化研究会对市法学会工作的大力支持。中国法律文化研究会不仅注重法史研究,而且也关注当下。中国法律文化研究会在首都法治博物馆的创建上,功不可没。组织中国传统法律文化专家、文化遗产法专家、文物保护专家进行论证,并提出首都法治博物馆、市法学会新址和法学法律工作者之家的"三位一体"建设的构想,得到市法学会领导的高度重视。在向市委政法委呈报的正式报告中,以姜栋副会长执笔的专家建议稿,被收入其中。中国法律文化研究会关注当下,积极为领导机关决策提供参考依据,发挥了研究会的智库作用。目前研究会也已成立了专门的机构,配备专门人员,所有工作正在稳步推进。

借此机会,我代表市法学会,对长期支持研究会的专家学者表示衷心的感谢!

田飞龙:刚才姚老师的发言我觉得还是很有启发性的。比如说中国古代立法为什么在刑法上体现非常明显,每一代都有刑法作为标志,但是民法却没有法典化,说明我们的立法者不是不懂法典化,也不是没有法典化的技术,那么为什么会刑民分殊,我们法典化的思维背后是什么?是一个高度精英化、理性化或者说国家主义化的思维,是要把一切的活动形式纳入国家权力的监控当中。在中国古代的社会我觉得刑民分殊是体现了国家与社会的分权,国家把民事活动、婚姻家庭等等留给社会自治的空间,留给家族去做,国家不过分介入这样的领域。这对我们有一个启发,要想获得真正的自由,法典化除了专家参与、促进理性化之外,我们还要有一定的对国家主义的质疑和戒备,就是国家不能包办一切,社会需要有自由和自治的空间和自主性。我们追求普遍法典化的时候承认了国家权力,尽管我们在法律上植入了自由的条款,但是我们看到,国家权力以这样的法典化进行了充分的扩张。

我有一个体会,20世纪80年代以来我们进行了村民自治的基层民主实验,但今天发现村民自治在中国遇到了系统性失败,理由就是它抵挡不了国家主义。农村的人力资源过于集中到城市,农村社会的资源、人口、村落、社会结构遭到城市行政权力的极大改造。我们会发现这也是以一种法典化的方式进行的推进。所以法典化本身是重要的,它是理性治理的必要条件,但同时给国家权力扩张,行政规制的扩张提供了方便之门。所以古代的刑民分治、社会自治、家族承担责任是民法没有法典化的正当性理由,这未必构成中华法系里面有刑法典而没有民法典的体系性缺陷,而恰恰是中国古代分治理性或者社会自由的保障。

此外,张生教授和谢冬慧教授谈民国民法,尤其是张生教授的论文我很认真地看了,我的感觉很可能此次民法典的起草和民国民法典的命运完全一样。尽管有民事习惯调查,所有人都意识到要尊重传统文化,所有人都意识到要会通中西,这是一个宏大的梦,又要比较立法,最后发现双方拿到台面上比较的时候,我们要把什么样的传统植入民法典的条文中呢?我们要把什么样的民事习惯由分散零碎的东西提升为一个统一的形态,进而反映在确定的民法规则形式当中呢?为什么经过了那么多的努力,所有人都意识到要会通中西,调查民事习惯,但是为什么就做不成呢?那是因为大陆法系和各国法的理性与深厚系统的学术积淀,一堆一堆的"海归"们形成的学术话语体系和学术霸权,以及他们与官僚立法机构的密切的利益共谋,它具有强大的束缚力,即便有传统知识背景的人也无法在技术上进行穿透。中国的法史并未成为真正的法学。

张生教授提到,当时有人也想以中国的判例来编纂民法资料作为立法的基础,因为判例当中能代入本民族的实现理性,但是他没有能力真正有一个比较法的作业,把本民族的民事活动的实践理性转变为竞争性的规则。因此会通中西等等民事习惯调查、全民参与、法学家的文明自觉,等等,这些可能就是张生教授所说的固有法的创造性转化,带有这样一种长期性的特征。所以我们基本上是在重复一百年前民国民法立法的时候会通中西的经验,包括类似这样一个主题,可能100年前也会开这样的会议,进行同样的活动,大致的格局还是在那里。

我是觉得这里面很麻烦的地方就是,不能寄希望于本次民法典是中华民族民法典编纂的最后一次。将来若干年之后,当中国人的民事活动,中国的民法本土化,理论成熟到一定程度,并且中国的超国家的实践——比如亚投行能不能用一种更公平的规则替代现在的不公平的规则,能不能在"一带一路"的建设中为国家之间的民事活动,提供更好的分享,包括互联网经济,等等,能够使得民事活动以中国的形式丰富起来,并且把它理论化。将来过三四十年之后重编民法典的时候,我们的经验、我们的心态、我们的国际地位、影响力才能植入到民法典,而且这个民法典将来会翻译成各个国家的文字,成为各个国家研究中国民法以及研究未来民法最终趋势的范本,至少是可与欧洲或者美国比拟的范本。目前阶段尽管我们GDP很强,但是还不具备法学理论与文明理论上的足够的想象力、概念创造能力以及对实践理性的自信转化能力。这些工作都没有做成的时候,民法典可能仍然是一种在比较法上对各国的民法篇章进行拼接的结果,很难想象在五六年之内能够有一个真正创造性的转化。

石佳友:听了各位老师的发言,我深受启发,讲两点体会。一个就是大家都讨论民法典与法律传统,我想法国法是一个很好的法律史研究样本。刚才我提到过,波塔利斯自己说民法典是实现了习惯法与成文法的折衷,这实际上也是法律的现代性与法律的传统性之间的一个折衷、本土法和外来法的一个折衷。法国南部地域靠近意大利,受罗马法影响很深,所以后世的法律史学家说,民法典有人、财产和取得财产的方法三编,其实不对,实际上应该就是两编:自然法(罗马法)和习惯法。这样一个区分可以看出民法典必然是本土性和国际性的一个结合,是所谓恒定性内容和境遇性内容的结合，我觉得这就是任何国家制定民法典过程当中必然考虑的问题。再次以《法国民法典》为例，比如说法国法中婚姻法和家庭的继承，采纳了很多法国西部地区的习惯内容，并非完全都是巴黎地区的习惯法。而债法的部分、物权法的部分采用的是作为外来法的罗马法规则。

但是，值得注意的是，立法者即使在引进所谓外来法的过程中，也必然是蕴含了自己特定的考虑，不是简单的对外国法的一个机械移植。举一个例子，比如说《法国民法典》著名的第1118条的显失公平制度（lésion）规定，不动产交易如果卖方的损失超过不动产价值的7/12，或者说交易价格低于市价的5/12，卖方在两年内就可以主张撤销合同。其实，这个制度并非是《法国民法典》的发明，因为在中世纪时期就曾经有过类似的制度，只不过在很长时期内这一规则被搁置。这一制度最后被起草人写入民法典，其实主要的考虑是因为1801年到1802年之间法国发生了严重的饥荒，饥荒的重要原因之一是土地投机，导致少数人囤积土地，不肯投入农业生产，很多土地抛荒。立法者为了打击这种土地投机行为，重新引入了以前的显失公平制度。这看上去是引入了一个历史上普通的合同法规则，其实其立法动机仍然是满足当下的经济社会特定的目标，立法说到底还是要满足现实的需要,说到底还是要为我所用。就像我们讲的波塔利斯在最初的草案第1条所提到的支配一切人类社会的"自然理性",最后为什么从法典中删掉呢?因为审议者觉得这个东西完全是一个过于哲学化的表述,一个经院哲学式的命题。所以,立法说到底一定是满足当下的特定的地域范围内的经济社会目标的价值社会目标,这是第一点。

关于习惯和习惯法的问题,张老师说得很对,确实不是一回事。习惯是经过漫长的演变,我们讲特别是要形成大家恒定遵守的一种信仰,内心确信,所有人都认为这套规则是我们行为的规则,这个时候才能成为习惯法。因此,它有一个客观因素(恒定性和历史性),也有一个主观因素(内心确信)。当然从这个意义上来讲,当代中国民事习惯的调查的意义不能说没有,但是也有可能张老师判断也是对的,调查完之后到底意义有多大,这是一个值得考虑的问题。你要做一个大的工作之前,先要想好预期的效果是什么。就当代的民商事习惯来说,交易习惯大部分已经成文化,或者是被商业惯例成文化,商业惯例比如说某一个行业的惯例多数已经成文化,现在不成文的惯例可能存在于民族地区的家庭法、继承法之中,但这部分内容又有很强的地域性特征。比如说你调查出来,像上午一位报告人所强调的,它到底有多大的普世意义值得推广？比如说彝族有这个习惯,藏族有那个习惯,但是,考虑到民法典本身的一般性,这样的特殊习惯最后也很难编入民法典,这个是需要考虑的一个问题。

第二个问题就是刚才姚老师讲的,我觉得是非常有高度的,民法典在实现中华民族伟大复兴到底发挥什么作用。我认为有这个视野是必要的。第一从法学自己的角度来讲,法典的编纂者本身不能抱有太大的政治抱负,因为一切不切实际的抱负都是失败的根源。当你企图用这个法典雄心勃勃地去改造社会的时候,你这个草案开始就会被毙掉,因为过于政治化的立法行动必然牵扯到各方面的注意和阻力,最后把法律本身完全演变成一场政治化的行动就麻烦了。不过,我仍然觉得对于法典进行一个"政治化"解读是有必要的,如我前面所提到的,政治化的民主监督对于法典化是非常必要和健康的。今天我们再回头来看2007年《物权法》编纂时的争议,我仍然认为其中还是有非常有价值的因素。当年我们围绕着什么是平等保护展开讨论,一些人对立法就乞丐的打狗棒和富人的宝马车都一视同仁进行平等保护的批评,我们很多民法同仁将这视为完全政治化的解读,很不满。我倒是认为,要理解这种政治化的解读是有其正当性的。必须要意识到,不管你承认不承认,民法典对社会转型是有重大作用的。典型的还有很多例子,比如说最近《物权法》第149条住宅建设用地续期的问题,引起社会上那么强烈的关注,这很正常,因为牵涉到所有人的利益,从物权法的角度来讲,这一块怎么办。还有包括拆迁的问题。我们制定物权法的时候,毫无疑问是强化了对私有产权的保护;但是我们确实也要看到《物权法》并没有阻挡住暴力拆迁,显然问题根源不是立法,而是经济和政治体制。这也说明法律本身的效用也是有局限的。

同样,政治化解读对民法领域的作用也是不容忽视的,包括我一直在关注的交通肇事责任,其中关于交强险,还有道路交通事故救助基金。我从前年到去年指导学生做了这样的一个调研,即调研道路交通事故救助基金的赔偿额度和赔偿模式,这些直接影响着城乡底层的驾驶员的行为模式,这个是必然的,因为你的赔付额度和赔付条件等,或者没有投交强险的情况下怎么办。还有包括空中抛物的规定,对于小区居民行为的约束是很明显的,我跟外国人讨论这个规定,外国人很感兴趣。他说很多国家没有这种规定,说你们中国有,他们觉得很有意思。这块对小区住户的约束是很明显的,这个是有好处,好处是保护受害人,这个理由是非常显而易见的,找不到侵权人就让相关业主承担连带责任。但是。不利的方面是导致业主之间的相互监视,这个有什么问题呢,邻里之间的关系问题。我天天防着别人,这就有以邻为壑的苗头了,损害了业主之间的信任和和谐。婚姻就更不用说了,我国《婚姻法》司法解释三引起的巨大争议就是明证。《继承法》也是一样,所谓"二奶继承"判决也曾引起轩然大波,很多人说判得很好,但是从法律角度来讲它可能是一个错误的判决。设想一个人在死前得到另外一个人的照顾,由于感激把钱遗赠给她,你何必管他们之间什么关系。判决说就是因为他们产生了婚外的感情,所以她不能获得遗赠。反过来如果这两个人是陌生人,临死前的头一天,我在大街上随便遇见一个人,我把钱给她,她就可以得到这个钱。而另一个人带着感情辛辛苦苦照顾了遗赠者3年,最后却一分钱的遗赠得不到,理由就是因为他们之间有婚外情,遗嘱违背善良风俗被宣告无效,这不是很荒谬吗?

说到最后,不管你承认不承认,民法典确实对这个社会影响是极其重大的。民法典对社会转型的意义是重大的。所以这点我非常同意姚老师的观点,民法典如何行文,未来你到底塑造一个什么样的社会,这个效果是不可回避的。尽管在制定的过程当中,我们很谦卑,自认为法典是纯粹的技术性规范的,没有什么政治敏感性,但是这个肯定是不符合事实的,民法典绝不可能是一个纯粹的技术规范,一定是蕴含了立法者特定的价值目标,而且一定会有起草者最初所意想不到的"外溢效应"。我觉得这点是我们特别需要看清的。

张中秋:因为姚老师的发言是压轴的,在他的本意是"形散神不散",所以我要再说几句。民法典当下的时代意义,这是一个大问题。一百年前制定民法典,我们从中华文明走出去,今天要走回来,无论是走出去还是走回来,一定要从理性出发,而不是从感情出发。文明是一个动态、开放的概念,中华文明也不是单一不变的概念,汉唐时期的中华文明跟宋代以后的中华文明不完全一样,现在中国文明中的域外部分已经是我们的,而不是他人的。所以,我们要用动态的视野看待中华文明。

王轶:我结合我的理解简单谈一下。我觉得现在进行民法典编纂跟以前不一样的地方,就像张生教授刚才在介绍民国民法编纂的时候,我觉得那个时候法律的比较分析跟今天的比较分析,人们对其含义的理解和比较法上相关规则的作用都有相当大的区别。那个时候进行法律的比较分析,很多时候可以说就像刚才几位老师提到的,中国在诸多领域处在一个规则缺失的阶段。这个规则缺失不是说中国没有,而是在现成的成文法规则上面是没有的。就像一个人对一个问题没有思考的时候，第一个进入头脑当中的观念占据了他的头脑一样，当时在那种情况下人们是这样对待外国法的。这次进行民法典编纂让我自己感觉比较兴奋的一点，今天人们说法律的比较分析应当是法律的社会分析，强调法律的比较分析是社会的比较分析，其实是用比较法的经验在中国语境下的正当性提高了专家的责任。德国法和法国法上有什么规定，我们常常要求提出这样观点的讨论者需要承担论证责任：只有法国和德国他们所面对的问题跟中国是一样的，而且面对相同的问题参与博弈的利益群体是一样的，参与博弈利益群体的力量也是大致相当的，当你把这样的任务都完成了，我们才认为你完成了对这个法律比较分析问题的论证。我觉得这一点他能够让我们比较谨慎地对待所谓比较法上的经验，到底是不是我们的有益经验。经过这样的论证过程，我感觉叫做文明自觉也好，或者是文化自觉也好，大家现在有这样的一种观念在里面，以我为主，这个我觉得是不一样的。

到底是个人本位还是社会本位？这两者到底指的是什么？这纯粹是解释选择问题，到底用这四个字制成什么样的法律。这次进行民法典编纂的过程中，包括民法学界也没有简单停留在这一块，我自己初步思考觉得，我们要从中国人自己的立场出发，我们去回答我们怎么对自然人进行定位，我们对自然人表达一种什么样的期待，我们怎么样表达我们中国人对人与人之间、人与社会之间、人与国家之间、人与自然之间的关系。而且民法学界特别关注"家"在中国民法典当中的地位问题，中国"家"的观念跟西方很多国家和地区"家"的观念是不同的，西方是成年人之后才是家庭成员，而我们中国你一出生就已经被抛到这个家里面。甚至胎儿的时候就已经抛到家里面。我们怎么通过家来组织人与人之间的关系以及人与社会的关系？不好说简单地说是个人本位还是社会本位。

马小红：我们进入闭幕式阶段。因为这个会，我这两个月也开始转型了，主要学习民法。读了宣统三年（公元1911年）《大清民律草案》，也读了台湾地区司法院2010年7月印行的《简易小六法》中的民法部分，我也准备了一个很长的发言稿。即使如此，对于民法我也是一知半解的，怕耽误大家的时间，几个问题简要说一下。

先谈几个关键词。民法"通则"改成"总则"，这一改变与清末、民国的民法体例接续上了。"总则"涉及的范围比较大，涵盖民法的各个领域；"通则"在《大清民律草案》中也有，设于"章"或"节"前，是一章一节，民国时期甚至设于款前。所以"通则"是民法中每一类事项的通行准则。通则所"通"的层次也不同,有章的"通则",有节的"通则",有款的"通则"。另外一个关键词是"法例",对应刚草成的《民法总则》改成了"基本原则"。我感觉到"法例"或许更传统、更明晰、更专业一些。"基本原则"太泛了,而且时代的特征比较强,相应局限性也就比较大。说到历史局限性,我想,民法应该有历史、民族的角度,也有人类社会发展的角度,不必那么突出历史阶段的特色。就是中国古代的立法,也是"沿波讨源",汉律、唐律、清律等,不只是甚至不强调一朝一代之法,而是强调自有法以来法律发展的整体规律,无不是对人类有史以来法律发展进程整体进行总结的结果。还有"条理""法理""习惯""习惯法""公序良俗"等。《大清民律草案》第一编第一章第1条是:"民事,本律所未规定者依习惯法,无习惯法者依条理。"《简易小六法》中民法第一编第一章第1条是"(法源)民事,法律所未规定者,依习惯;无习惯者,依法理。"新出的《民法总则》(草案)第10条规定:"处理民事纠纷,应当依照法律规定;法律没有规定的,可以适用习惯,但不得违背公序良俗。"应该注意,这里有些改变。《大清民律草案》说"依习惯法",民国时去掉了"法"字,说"依习惯",是不是在淡化习惯的约束力?

如果一定要对两者的不同作一个区分,我认为"习惯法"说的是"礼","习惯"说的是"俗","五四"以来礼已经被批得体无完肤了。《大清民律草案》规定"无习惯法者依条理",民国时规定"无习惯者依法理"。《民法总则》(草案)中则没有"依法理",我们是不是没有法理自信了?如果没有法理我们怎么去判断"公序良俗"呢?上午王轶教授讲到的"最低限度的共识"我们从哪里去寻找呢?

王轶:基本原则。

马小红:这也是一个问题。《大清民律草案》第一编总则第一章法例共3条,"依条理"是第1条。民国民法第一编总则第一章法例共5条,"依法理"也是第1条。咱们现在的总则第一章基本原则是12条,第10条规定才说到"适用习惯",且没有说无习惯怎么办。

第二个问题是历史借鉴问题。今天大家也都谈到这个问题。民法确与民生、与社会联系非常紧密,技术性又特别强。应该注意的是清末制定了《大清民律草案》,未及实施,而民国初期也是被搁置的,《大清现行刑律》"民事有效部分"实际上是民国初期的民法。为什么,因为后者更贴近、更适应中国社会。这是历史的借鉴,在制定民法典时我们应该注意不要重蹈历史覆辙。其实,清末在制定民律草案时也注意到这个问题,比如"亲属""继承"后出,就是因为立法者考虑到这两编是传统最为集中的地方,应该注意到国情、民情。这与前面所谈到的关键词"通则"有关系。"总则"需要关注的也许是不同法文明中民法的共同规律,而"通则"则需要关注民族特点和国情。大家都知道,清末制定民法是认真进行过习惯调查的,但这些调查材料被搁置了,没有用上多少,所以也有学者认为在近代世界联系越来越紧密的这样的状况下,不必要过于注重习惯的力量,民法要有导向性。但不同的观点则认为,《大清民律草案》的搁置恰恰就是因为没有认真对待调查汇集的资料,导致与中国水土不服。其实,这也是我百思无解、多年来不敢触碰民法问题研究的原因。清末修律时张之洞曾说到西方民法原理与中国国情的冲突,主要说的是平等、自由的价值观如何与中国社会相结合。张之洞也曾谈到自由、平等、权利等思想与三纲的冲突,他的观点值得我们关注。所以,读《大清民律草案》,比较突出的一个原则就是"诚实信用"。自由、平等等没有明确体现,我想当时的立法者是有思考的。在亲属关系中,在家中,怎么讲自由,讲权利,讲平等,在清末都还是很难把握的。清末修律有一场"礼法之争",学界的评价是法理派促进了中国法律的近代化。但百余年后来看这场争论,礼教派提出的一些问题同样从另一个方面促进了中西法文化的融合。

刚才讲到关键词时,说到"总则"与"通则"。我想,"总则"应该是具有普遍意义的价值观,而"通则"应该注重民俗国情,是不是应该在普遍与特殊间作一个折衷。另外,《大清民律草案》有一点值得我们借鉴,我觉得看《大清民律草案》比看民国时的民法更容易理解其精神所在,为什么呢?因为每一条后面都有"理由",说明章节条的宗旨所在。像胡水君教授所说的那样,中国的诗词大家觉得高深,但你掌握了格律就能理解作诗作词的关键奥妙。民法的制定是不是也可以这样,就像通过格律理解作诗词那样,有通俗易懂的几个原则,能使人们比较容易地把握民法的要旨、民法的精神以便遵守。

最后,我认为今天的会开得非常好,有来自不同科研机构和院校的专家学者。民法典似乎盘活了法律史的研究,当然法史研究的发展也会为民法研究提供非常好的资料。今天的会是一个学术研讨会,大家从学术宗旨出发阐述了各自的意见,是学者的意见。学术是独立与自由的,学者的职责就是贡献自己的学术观点,在自由发表自己观点的同时,也尊重他人的观点。我们发表了自己的学术观点,就尽到了自己的责任,但不能以自己的是非为是非。感谢各位的光临和发言,感谢速记员,我们会制定一个通讯录,与会议速记一起发给与会的老师。请各位老师修订之后再给我们返回,便于我们今后的交流。也感谢各位对时间的严格遵守,感谢会务组各位同学的辛苦付出,谢谢各位。

冰火相融：民法典编纂的历史视角与法史研究的破局尝试

孙明春

随着中国共产党十八届四中全会在《关于全面推进依法治国若干重大问题》中将"编纂民法典"作为未来一项重点领域立法进行部署，不同版本的民法典专家意见稿纷至沓来。2016年6月27日，《中华人民共和国民法总则》（草案）提交第十二届全国人大常委会第二十一次会议审议。作为民法典编纂工作的奠基引路之举，《民法总则》（草案）一经公布就受到了各界的高度关注，新华网在"今日关注"栏目中称此举意味着"民法典时代"正式开启。

其实，本次民法典编纂并非中国的第一次。近代以来，在"西法东渐"的影响下我国曾有过多次民法典编纂的努力和实践。据统计，单新中国成立以来就有过五次编纂民法典的尝试①，其间必然蕴含了不少经验教训。今天站在"中华民族伟大复兴"的历史方位中重新编纂民法典，如何在历史视角之下推陈出新并避免重蹈覆辙，也应成为法学界共同的责任。基于此，2016年7月9日，由中国人民大学法律文化研究中心、北京航空航天大学人文与社会科学高等研究院、北京市法学会中国法律文化研究会、弘道书院、曾宪义法学教育与法律文化基金会联合举办的"民法典编纂与法史研究反思研讨会"在中国人民大学召开，来自京内外民法学界、法史学界、法理学界近二十位专家学者与会并展开研讨。研讨会上既有主题演讲，也有自由讨论，既有历史视角，也有当下关照。这是一次围绕民法典编纂进行跨学科交流的新尝试，也是法史研究借机再反思并走出困局的新尝试。

---

① 据王利明教授考证，新中国成立以来，立法机关曾几次推动民法典的制定，以实现我国民事立法的系统化。1954年，全国人大常委会组成专门的班子开始民法典起草工作，于1956年12月完成民法草案。后来随着"反右""大跃进"等政治运动兴起，起草工作被迫中断，直到1962年在毛泽东的指示下才重新恢复。全国人大组成的班子于1964年7月完成了民法第二次草案。"文革"结束后，随着党的十一届三中全会的召开，我国法制工作也逐渐步入正轨。1979年11月，全国人大常委会开始启动第三次民法典的起草工作，到1982年5月先后草拟了四个民法草案，但由于当时经济社会尚处于转型期，以上四个草案均未获得通过。1998年1月，时任全国人民代表大会常务委员会副委员长的王汉斌邀请相关民法学者商讨民法典编纂事宜，并决定恢复民法典编纂。待到党的十八届四中全会做出编纂民法典的决定，粗略算来，新中国已有五次的民法典编纂尝试。参见王利明：《中国民法典制定的回顾与展望》，载《法学论坛》2008年第5期。

一、民法典编纂不能缺失历史视角

鉴于这次民法典编纂是在中国已经成长为世界第二大经济体且又处在和平宽松的时代背景下进行,故法学界和实务界也就有了更"从容"的心态,包括民法学人在内开始有越来越多的人认识到历史和传统的重要性,并主张应立足历史和传统来为立法实践和法学研究服务。王轶教授就曾撰文强调:"我们中华民族,是一个有着五千年灿烂文明的民族,是一个在人类明史上创造了闪烁着耀眼光芒的中华法系的民族。中国的历史决定着我们的文化基因,是必须面对而不能回避的现实。我国编纂的民法典,必须是能够唤起国人历史记忆、凝聚国人民族认同的法典。为实现这一目标,就必须广泛吸收借鉴中国古代优秀的思想资源和法制文明。"[①]石佳友教授也主张:"立法必须顺应社会的演进,预测社会的需求,并适度超前于社会的发展。立法既不是革命性的颠覆,也不是一成不变,但立法必须尊重传统。"[②]

---

① 王轶:《我国民法典编纂应处理好三组关系》,载《中国党政干部论坛》2015年第7期。
② 石佳友:《法典化的智慧——波塔利斯、法哲学与中国民法法典化》,载《中国人民大学学报》2015年第6期。

在这次研讨会主题发言中，王轶教授对此次民法典编撰过程中存在争议的主要问题进行了类型化划分。第一种类型是围绕民法价值判断所产生的争论。对民法中价值判断所产生争论的解决应从最低限度的价值共识出发，讨论者要承担对其主张进行论证的责任。比如，如果讨论者所坚持的价值判断结论是主张限制民事主体自由的价值判断结论，那么讨论者就需要在第一轮的法律论辩中承担论证责任，要提出足够充分且正当的理由来证成自己的观点。这个足够充分且正当的理由就是说，在这个地方有一个特定类型的国家利益或者社会公共利益的存在，才能够证明自己对民事主体的自由进行限制的价值判断结论的正当性。第二种类型是围绕中国未来民法典是民商合一还是民商分立这一立法技术安排所展开的争论。围绕着民商合一还是民商分立以及法人的类型区分所展开的讨论主要涉及一个立法技术的问题，而符合一个国家、一个地区既有的法律传统的立法技术安排，肯定是便利裁判者寻找裁判依据的一种立法技术的安排，这应当是妥当程度相对较高的立法技术的讨论结论。第三种类型是围绕民法问题的解释选择所产生的争论。在民法典编纂的过程中，究竟用民事行为、法律行为、民事法律行为哪个术语一直存在着意见分歧，这样的问题可称为民法中的解释选择问题。人们在讨论具体的解释选择问题的时候,一个国家、一个地区原有立法、司法传统和学术的讨论共识往往会构成其解释选择的"前见",合理的且能广为人们接受的解释选择一般是大多数人所广泛分享的"前见",是我们既有传统的组成部分。第四种类型是围绕民法中间的事实判断问题所产生的争论。民法问题中间事实判断问题的讨论应该是我们中国人讲的"事实胜于雄辩",即用社会实证分析的方法作出一个认定和判断,所以社会实证分析方法在这里面应该具有决定性的作用。

王轶教授在介绍这些争论时还谈到,背离既有的立法、司法传统和法学教育背景的讨论者就需要承担论证的责任,必须要提出足够充分且正当的理由来证明自己的观点为什么要背离中国既有的立法、司法传统和法学教育的背景,转而采取一种新的立法技术的安排。他最后总结指出:"如果对四类问题的讨论规则作一个梳理,其实我觉得跟法史的研究结论是密切相关的,法史可以告诉我们,究竟什么是中国既有的法律传统,究竟什么是大多数中国人所分享的价值取向、前见和共识。这些将对我们作出什么样的规则选择具有决定性的作用,因为我们都生活在历史当中。"

在民法典编纂中,中法史的介入很有必要,外法史的视角也不可或缺。在研讨会上,石佳友教授谈到,民法典的编纂是转型过程中非常宏大的叙事,各个学科的介入对法典的编纂绝对是有益的,而不是有害的。对于民法典编纂尤其如此。因为民法典有着几千年的历史传承过程,今天在国外不少民法典中,毫无疑问罗马法的很多规则仍然在发挥很重要的作用,所以历史的视角、法史的研究对民法典的编纂尤其重要。他在主题发言中重点介绍了波塔利斯的思想和主张,以及其对法国民法典编纂的影响。

石佳友教授认为,波塔利斯在1801年发表的《关于民法典草案的说明》在中外立法史上有着重要的地位,他关于法典的民族性、家庭的极端重要性、法典的开放性、法典的行文风格与实用性、法典的节制精神等方面的论述依然有着鲜明的时代意义。比如关于法典的民族性,波塔利斯就曾论述道,法典的编纂应基于民族的风俗、人情和条件而进行,以使法典在未来成为"理性的典章",法律必须要适应人民的特征习惯,最好的法律是最适合该民族的法律,所以不可能为不同的民族制定同一个法律。关于法典的开放性,波塔利斯主张:一部法典不能被视为"以先知的方式"为民族预告了全部永恒的真理,法典体现的仅仅是最高的智慧权威;法典必须规定在一个社会漫长的演变过程当中所形成的习俗和惯例;法律应该与时俱进,随着社会的前进应该也在动态发展。关于法典的文风，波塔利斯受孟德斯鸠的影响较深，他主张法律的文风应该简约、朴实，平铺直叙永远比拐弯抹角好；法律的用词要做到让所有人理解；法律不能让人难以琢磨，应该为普遍人所理解；法律不是高深的逻辑艺术，而是一位良家父的简单道理。法典要区分出可能和有必要向一切人解释清楚的东西和必须使用严谨的东西。关于法典的节制精神，波塔利斯的名言是"不可制定无用的法律，它们会损坏那些必要的法律"。法律不是纯粹充斥强制的律令，它寄托着智慧和理性，"智慧"是对经验的尊重，"理性"是对于过度的避免和立法的谦卑与节制，这都表现为一种务实主义的态度。故法典编纂不能盲目革新，必须反对教条主义，民法典不可能是与旧的法律传统完全决裂的革命性作品。

英国著名法史学家梅特兰在《英国法律史》序言中曾指出："历史是一张如此统一的网，以致每一个努力尝试讲述其中一个故事的学者都必然感觉到讲述时的第一句话就得撕破这个无缝之网。"这就是梅特兰非常有名的"法律无缝之网"说（seamless web of law）。这一说法为美国著名法史学家伯尔曼所关注并认可，伯氏随后在《法律与革命》这一皇皇巨著中分析并展现了近代西方一千年来未曾中断的法律传统。① 当然，中国法史学人也有类似的主张和观点。张中秋教授在研讨会上就强调，如果我们承认现在中国是历史中国的延续，那么，现在中国的民法典的编纂就是中国法律史的一部分。他继而指出，历史上中国的立法受两个基本的动因促使着，一个是现实的需要，这在中国今天也是显而易见的；还有一个是历史传承的需要，因为从夏商周以来到宋元明清，每一部重要法典都是在历史传承中产生的。所以，历史上中国所有重要以及最成功的法典都是现实需要和历史传承这两个巨大的动因完美结合的作品。

二、法史研究的困局与破局

在法学诸科中，借助历史的视角来对传统资源进行整理和阐发恰是法史研究的专长所在，但无比尴尬的是，近些年来，我国法史研究却一直在"困局"与"破局"中摸索徘徊，对法史研究的批评和反思一直不绝如缕，来自法史学界自身的就有不少，现试举几例。侯欣一教授曾指出："在当下的中国法学界，中国法律史存在的合法性一直备受争

---

① 参见高鸿钧：《对西方法律传统源流的思考》，载光明网 http://www.gmw.cn/01ds/2009-03/18/content_899649.htm，最后访问日期：2016 年 7 月 28 日。

议,一个很重要的原因是我们尚未拿出让法学同行认可的作品。许多研究成果缺少法学意识,其关注点仍然停留在叙述史实、传播知识的层面,而非揭示传统律学与现代法学之间的逻辑关系,即史实背后的学理和精神;也未揭示出法在中国的历史发展演变规律,为法学共同体提供真正富有教益的经验或教训。"[1]李力教授将法律史在研究成果上的表现归纳为"六多"与"三少","六多"即专著、论文多,雷同的作品多,粗糙的作品多,"法理化"的作品多,教材多,合著(编)的作品多。"三少"即称得上"精品"的著作少,有个性的作品少,开展学术批评的作品少。[2] 马小红教授也曾谈到:"经过'文革'结束后三十多年发展的法学,早已旧貌变新颜。与法学其他学科相比,独有法史学陷入了停滞的焦虑中。这不仅仅是因为法史学的研究成果既不为法学界重视,也不为史学界认可,更重要的原因在于,多少年来法史学界自觉不自觉地花费大量的精力纠缠于学科'方法'的讨论,幻想通过所谓方法的改变,重现学科往日的兴盛。这种畏难取巧、寻找捷径、年复一年的方法讨论,

---

[1] 侯欣一:《学科定位、史料和议题——中国大陆法律史研究现状之反思》,载《江西社会科学》,2016年第2期,第135—136页。
[2] 参见李力:《危机、挑战、出路:"边缘化"困境下的中国法制史学》,载《法制史研究》(台湾)2015年第8期。

并未给法史研究带来应有的进展。"①

在本次研讨会上,学者们延续了对法史研究进行批评和反思的立场,但与以往不同的是,这次会上学者们更多地从产生这些现象的历史原因以及破解的可能途径入手,进行深层次的反思和检讨。

田飞龙副教授谈到,中国法史从作为生动活泼的民族公共生活传统而与后来的立法以及政治生活脱节,是从国民性批判或者从20世纪革命运动开始的。国民性批判的本质是一种文化批判,是要切断传统对生活的支配正当性,以一种对传统以及既有生活的形态进行格式化的方式,建立一种来自西方的普世的法制。所以在消极方面是要否定既有传统对民族法律生活的支配正当性,在积极方面则进行一个西式启蒙,进行一个系统的更换重装。他进而指出,这一转型的政治后果表现为两个方面:一方面是革命的激进主义,从政治革命到社会革命再到文化革命,其所留下的后遗症至今难以消除;另一方面是立法中心主义,这种立法中心主义其实推崇的是一种实证主义法学的观念,认为主权权能能够塑造并且解决民族公共生活当中的各种疑难问题。

---

① 马小红:《中国法史及法史学研究反思——兼论学术研究的规律》,载《中国法学》2015年第2期。

姜栋副教授也谈到，法典作为舶来品跟我们的传统之间有个断裂，当其与我们固有传统发生关系的时候，如果我们的法史研究能找出一些传统或者国情里的、对于法典编纂是不可替代的东西，这将具有重大意义。

马小红教授在发言时谈到，孟德斯鸠说法的语言一定要让大多数人能懂，民法尤其如此，因为民法最贴近老百姓的切实生活。在中国古代，就是一个文盲也一定会懂得礼，礼要求的忠孝节义，在宣传时变成一个个故事，人人能懂。现在民法的表达、宣传似乎与社会现实就不那么相匹配，近代以来的中国就是如此，不是学习法学出身的人对这些法言法语很难理解。中国古代律的语言非常精确，因为关系到人命。但律的宣传也是非常普及，每年冬季的乡饮酒礼就有读律的内容。当然，反思现代法律与社会的隔膜，法史研究的滞后确实有责。

近代以来，中国法律特别是民法在某种程度上脱离中国国情和国民生活，这种情况由来已久。从清末修订法律以来，中国的民事法律制度基本上沿袭西方，这些民法的原则和具体条文与中国国情有很大差异。另外，新中国建国初期的时候，由于政治上的需要和影响，一些民事法律制度并不能很好地基于社会的变化自身作出调整，民事法律的这些特殊性至今仍然存在。在邓建鹏教授看来，民法学者和法史学者对此都有责任。比如,有些民法学者一旦说起德国怎么做的,法国怎么做的,日本怎么做的,真是头头是道;但是一旦请教他们中国相应的现实和规范是什么,为什么会这样,相关规则在中国传统中是如何演变或者影响现今的,他们也许只能保持沉默。美国法学家霍姆斯曾有一句名言:法律的生命不在于逻辑,而在于经验。如果我们的民法学者外国逻辑太多,中国经验太少,甚至没有中国经验,依赖这样的民法学者编纂出的"中国民法典",可能就会令人失望。而对经验的理解途径之一恰恰在于过去的把握。现今民事法律的立法者对法律史不是很了解,很大程度上跟法律史学者没有办法在相关领域做出杰出的贡献以提供给民法学家来参考也有很大关系。之前曾有学者指出,中国的法史学者用了移山之力编写了各种中国民法史,但是根本不入民法学家的"法眼",就算民法学家偶尔引用,也只是一种点缀。邓建鹏教授谈到,面对这种批评,我们法史学者可能很难接受,心里会觉得很不舒服,但是我们一定要认真思考一下,这是不是有一定的道理。我们法史研究如果要对民法典的编纂有意义,我们自己要超越政治意识形态、信仰和不切实际的理念,研究真实的民事法史。

综合以上分析可以发现,当前法史研究陷入困局主要表现在内外两个方面。内部方面表现在,不少法史学人"内功"不强,研究成果乏善可陈;外部方面表现在,法史研究与法学中其他学科交流不多,对现实问题关照不够。这内外两方面的不足其实也正是马小红教授曾指出的我们在"传承"与"创新"方面做得都不够好的问题。① 由此,我们的法史研究不仅没有兼得史学和法学之利,反而落得两头不讨好的尴尬境地。

马小红教授在本次研讨会开篇致辞中谈到:"民法学与法史学的目前境遇可谓'冰火两重天'。一直被视为'显学'的民法学随着民法典的编纂再次被社会高度关注,而自20世纪80年代以来就开始感到'危机'的法史学则不断受到来自法学与史学两方面的质疑,地位尴尬。但冰火的相融才能达到最为美妙和完美的平衡。研讨会正是为探索这种平衡的形成而开。"

既然当下备受瞩目的民法典编纂对法史研究提出了期待,那么破解法史研究困局并令其重焕新生的可能路径就是:借助民法典编纂之机,进一步整理并盘活本民族固有的传统资源,在民法典编纂过程中发出声音并贡献学养和

---

① 马小红教授曾撰文指出:在经历了百余年的历史发展后,我们既没有在前辈开创的基础上对中国古代法进行全面客观的梳理与评析,更没有在已经不同于前辈们的环境中去从容审视传统法,承担起"开创"之后的"接续"使命。参见马小红:《中国法史及法史学研究反思——兼论学术研究的规律》,载《中国法学》2015年第2期。

智识,以此来赢得法学同仁的认可和尊重,同时也在民法典编纂这一重大历史事件中彰显自身独特价值。

三、法史研究对民法典编纂的可能性贡献

在这次研讨会中,令人可喜的是,与会的法史学者们并未仅仅停留在对法史研究困局反思的层面,而且还就法史研究如何在参与法学重大实践活动中实现自我破局作出了尝试。这些尝试不单有法史研究应参与民法典编纂的积极呼吁,更有结合民法典专家意见稿和《民法总则》(草案)等来谈法史研究如何服务民法典编纂的实操分析。实操分析因视角和方法不同又可大致分为引申论证类、提供镜鉴类和比较建议类三类。其中引申论证类是指借助法史研究成果来为民法典编纂中的相关议题或争论提供"证真"或"证伪"的资料支撑,提供镜鉴类是指结合历史中曾经发生过的民法典编纂行为及其由此带来的经验教训来为当下提供参考和借鉴,比较建议类则是指运用纵向、横向等比较研究方法得出一些重要发现继而来为当下民法典编纂的完善提出对策和建议。下面对这三类一一进行综述。

(一)引申论证类

不同版本的民法典专家意见稿在内容编排方面存在分

歧和论争实属正常,这时候就需要起草者或立法者将其观点和主张详加阐明,以求得更多人的支持和接受。如果在此过程中,起草者或立法者能有历史视角和传统思维,无疑将有助于增加其立论的厚度和广度。在此次民法典编纂中,是否将人格权独立成编就引起了较大的争论。王利明教授主张应将人格权独立成编,其理由是:人文关怀已经成为当代民法的重要价值理念,在民法典中引入人文关怀理念,首先就表现在应当将人格权单独作为民法典中的一编。中国民法典编纂中,制定独立成编的人格权法,不仅是对《民法通则》成功立法经验的继承和总结,也具有重要的现实意义,是民法典时代精神的体现。将人格权放在总则的自然人部分加以规定,无法满足对人格权作出全面规定的制度要求,在立法技术层面也不可取,更存在诸多弊端。同时,侵权法和人格权法之间存在明显的区别,不能通过侵权法完全替代人格权法。① 王利明教授对于"人格权独立成编"的论述可谓是多方面的,但比较遗憾的是缺失了历史和传统的角度。

这一缺失由张中秋教授进行了填补。在研讨会的主题发言中,张中秋教授详细论述了人格权在传统中国的法理

---

① 参见王利明:《人文关怀与人格权独立成编》,载《重庆大学学报》(社会科学版)2016年第1期。

依据与哲学根源,从历史和传统的视角对王利明教授的主张进行了引申和论证。他谈到,传统中国法固有的人义价值传统是万物人为贵的道德人文传统,亦即《唐律疏议·名例》所说"夫三才肇位,万象斯分。禀气含灵,人为称首"和"德礼为政教之本,刑罚为政教之用"这两者的统一。这种"人为称首"与"德礼为本"相结合的道德人文传统,既表现为对人的自然生命的一视同仁,亦表现为对人的精神生命的高度重视。这两者合起来,构成传统中国法中固有的道德人文价值传统,即人的自然生命价值平等,人的精神生命价值不等。法律既依据人的自然生命价值的同等,又依据人的精神生命价值和社会生命价值的高低不等,来分配权利义务,来定罪量刑,高者高,低者低,等者同等,不等者不等。这表明传统中国法在平等对待人的自然生命价值的同时,更重视人的精神生命价值。这可称为是一种动态的合理正义观,亦是有机辩证的,而不是机械教条的正义观。而这也正是传统中国法的正当性所在,亦是传统中国法的人文价值所在,即在平等对待人的自然生命价值的同时,更重视通过德和能所体现出来的人的精神生命和社会生命的价值。这可以说是人的主体性和精神价值在传统中国法上具有崇高地位的法理依据。

这个法理依据背后的哲学是道或者说理气统一的世界

观。传统中国的主流哲学,亦即基本的世界观是道的世界观,道的世界观在宋及以后就是理学世界观,理学世界观实际上是理气相统一的世界观,亦即理中有气、气中有理,世界是理气的统一体。在理气统一的世界观中,精神性的理是第一位的,谓之形而上;而物质性的气是第二位的,谓之形而下。虽然理、气在形成上不分先后,但在位阶上却有上下高低之分,亦即在这个世界观的价值链中,形而上的理高于形而下的气,这意味着精神性的社会生命高于物质性的自然生命。所以,人格权法在中国民法典中是否独立成编并不是为特色而特色,而是与传统中国人的世界观,特别是至今仍有这种世界观(百姓只是日用而不知)的中国人的观念是相契合的,是深深植根于中国法律传统之中的。

(二)提供镜鉴类

近代中国有过多次民法典编纂的努力和实践,在此历程中确实蕴含了不少经验和教训,而其中影响最大的一次当属民国民法典的编纂,其成败得失对于我们当下无疑有着重要的启发和镜鉴。在本次研讨会上,谢冬慧教授、张生教授恰从正反两个方面为我们回顾和揭示了民国民法典编纂的经验和教训。

谢冬慧教授认为,一部民法典的编纂必然与特定社会的政治经济和思想文化相联系,民国民法典是民国社会前二十余年政治激荡、经济生活的需求以及思想文化的影响在制度领域的回应,也正由于二十余年的社会变迁才铸造了民国民法典的生成环境。首先是统一、活跃的政治环境为民法典编纂提供了宏观视野;其次是动荡、凋敝的经济状况为民法典编纂设定了微观条件;其三是中西激荡的思想文化对民法典编纂产生了重大影响。民法典作为系统化、专业化、学术化和法律化的产物,其发起和推动也必然离不开政界、法学界诸多精英的专业知识和技能。事实上,民国时期,众多的政法精英投身到了法律建设事业中,正是他们的贡献,才缔造了民法典这座法律的帝国大厦。这些精英除了国内的,还有国外的,他们的作用表现在两个方面,一是政治思想主张的引领作用,二是法典编纂的技术的专业指导。民国民法典是民国时期民法水平较高的法典,在民国中后期的社会生活当中,民国民法典可以说发挥了非常重要的作用。通过回顾民国民法典的编纂及其实践可得出四点启示:一是民法典编纂需要经过历史的积淀,二是民法典编纂需要政法精英的主持,三是民法典编纂需要施行法律的配套,四是民法典编纂需要创新元素的加入。

张生教授反其道而行之,他重点探讨了民国民法在编纂过程中所存在的缺陷。他认为，清末民国时期的文化价值和立法思想经历了从"中体西用"到"会通中西"再到"比较立法"的嬗变过程。"会通中西"是民国民法编纂的指导思想，也是一个非常美好的立法理想。这个立法理想在法典编纂的过程中，在转换为具体的技术路线时，又退化成了"比较立法"：中国固有法基本被抛弃，对欧陆各国民法的比较与选择成了民法编纂的主要工作。作为民国民法典主要执笔者的史尚宽，他当年只有30岁，没有什么司法经验，政府也没有给他充分的时间去研究、整理、总结固有法，在短短的一年时间内不可能完成对固有法的总结。在探讨完民国民法的这些不足和缺陷后，张生教授又回到当下编纂民法典的场景，并提出了自己的一些思考和建议：我们是否完成了对固有法已经作了充分的理解和学术化整理？我们是否能把固有法形神统一地加以传承？时间过去了八十多年，似乎我们仍然还没有完成对固有法的学术总结，仍然无法在民法典中传承优秀的固有法成果。当下编纂民法典也是在政府立法计划的框架下完成，立法时间表也不允许法律家回过头去对固有法进行梳理、总结，但当下的民法编纂至少应该不要误读固有法，可以在民法中给固有法留下嵌入的空间，让司法实践和学术探讨慢慢积累，逐渐形成对固有法的学术总结和现实转化。

（三）比较建议类

比较研究（comparative research）是社会科学中常用的一种研究方法，在研究中通过纵向、横向等对比分析更是有助于我们能够快速把握事物演变的脉络，进一步认清事物运行的内在规律。在本次研讨会上，胡水君研究员、蒋传光教授和马小红教授经过各自比较研究，就对当下民法典的编纂提出了一些很好的意见和建议。

胡水君研究员以独特的视角对法典与格律进行了比较分析。他谈到，历史地看，中国既是道德国度，也是文学国度、诗的国度。格律与诗的繁荣、诗的文明有正相关的关系。不讲格律的现代诗歌缺乏形式规范，从长远看其实很难传承。法典与格律，从形式来看很相似。格律这种形式促成了诗的文明，现在中国正在兴起的文明，则特别需要法律或法典这种形式。就像格律采取的是艺术路径而不是道德路径一样，现代法典主要应采取理性路径，而不是道德路径或宗教路径。格律并不规定诗的实质内容，而是赋予诗的内容以一种生产形式，这种形式能够促进诗的内容的广泛生产。现代法典的功能与此其实很相似，它要通过自身的一般形式，促成基于自由意志的社会内容的丰富生产。经过对格律和诗歌的比较，胡水君研究员主张民法典宜有一个道德、宗教、民俗、学理等的外围，公民在民法典与这些外围之间可自由出入,既可选择民法典的行为方式,也可在法律容许的条件下自由选择民法典之外的行为方式。他形象地比喻道,这就犹如人可以格律作诗,也可选择不以格律作诗一样,公民既可以民法典规定的方式从事民事行为,也可选择像理学家、宗教徒那样以道德或宗教情怀自行其是。民法典编纂可考虑通过一些措辞,为司法官在法律与道德、习俗、学理等之间边缘地带处理实际问题留出足够裁量空间。

西法东渐以来,关于民事习惯调查与民法典编纂的关系,不论是在学界还是在实务界对此均有关注。

蒋传光教授在主题发言中又从中西比较的角度分析了民事习惯在民事立法中的地位与价值。他谈到,法律既是普适性的知识,更是一门地方性知识。民法典彰显我们的民族精神、民族特色的一个重要表现就是尊重民事习惯。民事习惯与国家制定法相互影响、相互渗透,构成一定社会的法律秩序。对于现代法律体系而言,无论是大陆法系还是英美法系,习惯都经历过了从相对分散的地方习惯法向较为统一、规范的法律系统转变的同一过程。这种较为统一、规范的法律体系的表现形式不但包括了法典形式,也包括了判例汇编的形式。民事习惯入法的历史历程,以及现今习惯在立法和司法中的地位和价值,对我们重视和加强民事习惯的研究,思考民事习惯对我国国家法的法源意义有一定的借鉴和参考。

笔者在发言中梳理了中国近代以来民事习惯调查并对其进行了类型化划分,即单从调查目的这一角度出发,可将近代以来几次大规模的民事习惯调查分为立法型、司法型和统治型三种类型。其中立法型的民事习惯调查主要是两次,一次是清末为了制定《大清民律草案》,一次是南京国民政府时期为了制定《中华民国民法》。司法型的民事习惯调查也有两次,一次是北洋政府时期由奉天省高等审判庭发起,后由司法部创设"民事习惯调查会"推向全国的民事习惯调查,一次是人民政府在陕甘宁边区统治时期高等法院组织各县司法审判人员进行的民事习惯调查。统治型民事习惯调查只有一次,即"南满洲铁道株式会社"因日本侵华统治需要而对中国北方广大农村地区政治经济情况和风俗习惯所开展的、长达四十余年之久的社会调查,所以,这一调查也可以称为殖民型民事习惯调查。中国近代以来民事习惯调查活动给我们今天带来的启示有:第一,体现了当时统治者、立法者调和"西法"和"中习"关系的一种自觉和努力。第二,近代以来几次大规模民事习惯调查积累了丰富翔实的文献资料,相比较而言,我们对这些调查文献资料的研究和使用明显不够。第三,促使我们重新思考法律（民法）与习惯的关系。近代以来，国家制定法获得突飞猛进地长足发展，民间习惯日渐式微，即便习惯法获得了一种补充法源地位，但因缺乏详细、统一、标准的调查、识别、适用的规定，使其基本沦为了立法上的一种装饰和摆设，不能确保习惯（法）在立法、司法实践中发挥出应有的作用。

马小红教授还就当下《民法总则》（草案）与清末以来的主要民事立法进行了文本上的比较分析。首先，她认为民法"通则"改成"总则"，这一改变实现了与清末、民国民法体例的接续。其次，《民法总则》（草案）中的"基本原则"相当于《大清民律草案》中的"法例"，"基本原则"的表述太宽泛，而"法例"的提法或许更传统、更明晰、更专业一些。再次，《民法总则》（草案）第10条规定："处理民事纠纷，应当依照法律规定；法律没有规定的，可以适用习惯，但不得违背公序良俗。"而《大清民律草案》规定"无习惯法者依条理"。她认为，如果我们不提"依法理"，一不能彰显"法理自信"，二也将无法判断何为"公序良俗"。最后，她认为，之所以在看《大清民律草案》比看民国民法更容易理解其精神所在，是因为在《大清民律草案》每一条后面都有"理由"来说明章、节、条的宗旨所在，未来我们的民法典也应该简洁明了,能使人们比较容易把握民法的要旨和精神,同时也方便人们去遵守。

四、结　　论

在民法典编纂与法史研究反思研讨会上,12位来自民法学界、法史学界、法理学界的学人作了主题发言,近20名与会者进行了热烈讨论。其中既有睿智的反思和善意的批评,也有对历史的尊重和对现实的包容,由此也达成了一些共识。

在本次研讨会上,姚中秋教授针对民法典编纂就提出了"五问":一问我们制定民法典的目的是什么。除了致力于实现"现代化"和确认"现实"外,民法典能不能承担传承中国文明之责任,或者至少能够部分地设定这样一个宗旨?二问谁来制定民法典。中国现代民事立法最为清晰地呈现了所谓现代化过程中精英与大众之分裂甚至敌对。如果在这次民法典编纂中要解决这一问题,法学界就需要一个知识视野的转向,即从法律的"外在立场"转回"内在立场",从国民之上、之外转回国民之中、之内,认真对待中国人的生活,从生活当中去发现、加工抽象的、普遍的法律。但是,这个工作多长时间能完成?跟我们现在很紧迫的立法的日程表能不能对上？三问民法典的"神"是什么。民法典肯定要有一个一以贯之的"神"，否则民法典就变成一堆零散的条文之堆积了。它关乎民法典所规范之共同体成员对美好生活的想象，对良好秩序的想象，归根到底是对健全生命之想象。通观古今，我们可以发现，儒家所说的"仁"其实就是中国人生活的根本，中国的民法典也理应立足于此，以仁为"神"。四问我们需要制定一部什么形态的民法典。中华法传统中没有民法典有其合理的一面，今天我们要制定一部民法典也应有自己的风格。五问我们的民法典究竟取法何处。整个20世纪，中国人制定民法典，基本上学习德国民法典，通过日本学习德国，今天则是直接学习德国的理论和制度。但换一个视角我们可以发现，过去二百多年，英美发挥世界领导作用，这与其普通法传统恐怕不无关系。普通法可以对多样性开放，也可以容纳变动。就这一点而言，普通法传统与中华法系之间多有相近之处。因此，当我们完善民事法律规范体系的时候，也许应认真对待英美普通法传统，可以更有益于今日中国人找到与今日世界大势相称之法律精神。

面对这些质疑和争论，如果将视野拉长，回到历史和传统中去，通过筛选和甄别来看哪些传统是我们固有的且仍然保持着鲜活的生命力，通过回顾和比对看前人在类似活动中有过哪些经验教训来帮助我们避免重蹈覆辙,这无疑是帮助我们在当下形成共识的一个不错选择。通过此次研讨和交流,对于如何编纂一部优秀的民法典大家也初步形成了如下共识:一是民法典的编纂不应搞关门立法和纯粹的专家立法,要欢迎法学界其他学科的介入和参与,要注意对民意的倾听和吸纳。二是民法典的编纂要立足于本民族的历史和传统,要尊重民间固有的民事习惯,如有必要,可开启新的民事习惯调查。三是要有文明的高度和自觉,将民法典编纂与整个中国文明和人类发展联系起来,充分借助古今中外的智慧和经验。四是考虑到立法的时代性和局限性,不能奢望毕其功于一役,制定出一部无所不包的民法典。

在本次研讨会上,我们可以感受到民法学界对于法史研究相关成果的需求和期待,与会的法史学人意识到了在民法典编纂这一当下重大法学实践中,法史研究不能失语和缺位的必要性和紧迫性。一些学人结合自己研究心得也为民法典的编纂和完善提出了不少很有建设性的意见和建议,这让我们看到了借助民法典编纂来盘活传统资源的希望,同时也感受到了法史研究在参与法学实践问题时所焕发出的活力。

关于法的历史性、时代性以及传统和创新的关系,一直是近代以来纠缠中国法学的大问题,对于这些问题如果不能正视且给予很好的解决,中国法学恐怕还是很难摆脱外人对其"幼稚"的评价。今天民法典的编纂为我们提供了一个很好的契机,我们在努力制定出一部优秀法典的同时,也应力促中国法学在中西结合和古今连接中尽快"成熟"起来。在此过程中,法史研究如能及时跟进并不断推出经得住历史和时代检验的学术成果,此乃法史学科之幸,亦是中国法学之幸。

中国法律评论·学术沙龙：民法典编纂与法史研究反思

民法学与法史学的目前境遇可谓"冰火两重天"。一直被视为"显学"的民法学随着民法典的编纂被社会高度关注，而自20世纪80年代以来就开始感到"危机"的法史学则不断受到来自法学与史学两方面的质疑，地位尴尬。但冰火的相容才能达到最为美妙和完美的平衡，研讨会正是为探索这种平衡的形成而开。确实，传统是我们在民法典编纂时寻求共识的路径之一，而民法典的编纂也许会盘活传统的资源。基于此，法史研究应该在民法典编纂过程中发出自己的声音，否则这个学科存在的必要性确实是应该受到质疑了。

2016年7月9日召开的此次研讨会由中国人民大学

法律文化研究中心、北京航空航天大学人文与社会科学高等研究院、北京市法学会中国法律文化研究会、弘道书院、曾宪义法学教育与法律文化基金会联合举办，会议主题为民法典编纂与法史研究反思。本次会议分为"构建与展望""回顾与反思"两个单元。

研讨会由北京航空航天大学人文与社会科学高等研究院教授姚中秋、中国人民大学法学院教授马小红主持，北京市法学会联络部主任罗正群参加了会议。会议的主要发言人有（以发言顺序排列）中国人民大学法学院教授王轶、北京航空航天大学人文与社会科学高等研究院副教授田飞龙、中国人民大学法学院教授石佳友、中国人民大学法学院教授马小红、中国政法大学法律史学研究院教授张中秋、上海师范大学法政学院教授蒋传光、厦门大学法学院教授徐国栋（委托书面发言）、中国人民大学法学院副教授姜栋、中央民族大学法学院教授邓建鹏、中国社会科学院法学研究所研究员胡水君、东华理工大学文法学院副教授顾文斌、北京邮电大学法律系副教授黄东海、中国社会科学院法学研究所研究员张生、南京审计大学法学院教授谢冬慧、北京航空航天大学人文与社会科学高等研究院教授姚中秋、中国人民大学法学院博士研究生孙明春。

囿于篇幅，以下为会议内容精编版。

构建与展望

王轶：民法典在编纂过程中，民法学界内部对很多问题都有比较大的意见分歧。我用类型化的思考方法对其作了简单梳理，发现这些问题要落脚在民法典的规则设计上，在这个意义上我把它称为民法学中的民法问题。目前主要有以下几种类型的争议：

第一，围绕民法问题中价值判断的争论，所对应的民法规则设计常常跟对冲突的利益关系如何确立协调策略，如何安排协调冲突的规则有直接关联。这时，协调策略主要是两种：

一是作出利益的取舍，让有一些类型的利益得以实现，另一些类型的利益不能够得以实现；

二是让有一些类型的利益优先得到实现，另一些类型的利益续后得到实现。

对这一类价值判断问题如何展开讨论，民法学界形成了初步的共识，主张应该用社会实证分析的方法去确定，讨论者究竟有没有分享最低限度的价值共识。从这样一种最低限度的价值共识出发，包含一项论证责任负担，如果讨论者所坚持的价值判断结论是主张限制民事主体自由的价值判断结论,就需要其在第一轮的法律论辩中承担论证责任,要提出足够充分且正当的理由来证成自己的观点。这个足够充分且正当的理由就是说,在这个地方有一个特定类型的国家利益或者是社会公共利益的存在,因此能够证明自己对民事主体的自由进行限制的价值判断结论的正当性。

第二,未来的民法典究竟是民商合一还是民商分立,以及法人的类型区分。我认为这主要是涉及立法技术的问题。讨论民法问题中的立法技术问题,要遵循一个什么样的规则?如果民法典首先是给裁判者提供裁判依据的,民法问题中的立法技术问题的讨论就必须要与这一最低限度的共识结合起来:哪一种立法技术的选择是便利裁判者去寻找对纠纷进行处理的裁判依据的选择,哪一种立法技术的讨论结论就是具有较高妥当性的立法技术的讨论结论。

一个国家、地区既有的法律传统,既包括立法传统、司法传统,也包括法学教育背景,对于何种立法技术的讨论结论较妥当,具有重要的意义和价值。我们也需要用社会实证分析的方法去确定,中国既有的这些背景究竟是什么,才能够确定哪一种是相对来讲妥当程度较高的立法技术。与这样的认识相适应,背离既有的立法、司法传统和法学教育背景的讨论者就需要承担论证的责任,必须要提出足够充分且正当的理由来证明自己的观点。

第三,民法问题中的解释选择问题。在选择某一民法概念或者范畴时,我们也应当用实证分析的方法确定,人们广泛分享的前见究竟是什么,这个前见应当由什么来决定。

第四,民法问题中的事实判断问题。对这一类问题的讨论应该坚持中国人讲的"事实胜于雄辩",社会实证分析方法在其中具有决定性的作用。

对以上四类问题的讨论规则作一个梳理,我觉得跟法史的研究结论是密切相关的。法史可以告诉我们,究竟什么是中国既有的法律传统,究竟什么是中国大多数人所分享的价值取向,什么是大多数中国人所分享的共识和前见。这些将对我们作出什么样的规则选择具有决定性的作用,因为我们都生活在历史当中。

田飞龙:我所谈的是"民法典、国民性与法律双向建构"。首先,我觉得中国法史从作为民族公共生活传统而与后来的立法以及政治生活脱节是从国民性批判开始的。国民性批判的本质是要切断传统对既有生活的支配正当性,建立一种来自西方的普世的法制。它的政治后果表现为:一方面是革命的激进主义,从政治革命到社会革命再到文化革命,其后遗症至今难以消除;另一方面是立法中心主义,推崇一种实证主义法学的观念,认为主权权能就能够塑造并且解决民族公共生活当中的各种疑难问题,改革开放以来以民法的立法中心主义为典型。

其次,民法典的基本法属性和公众参与的必要性。到底民法是母法,还是宪法是母法?在现代法律体系当中,尤其是在近代资产阶级普遍立宪之后,法律体系中存在两个基本法:民法和宪法。但是在二者关系里,宪法又是笼罩民法的,也就是说民法被嵌入政治国家的体系,民法不再是指导市民社会、自治较高程度的自治法,而是处在授权和自治相平衡状态的新的民法。

公众参与值得推出,因为它是法律公共性的重要的输入机制。这种输入机制可以弥补人大代表代表性的不足。此外,我们还能够通过公众参与对专家理性进行一种矫正,防止专家僭越技术性层面去垄断或者武断地确定一些立法当中的基本目标和价值。公众参与大概在三个方向上能够推进民法典的立法的正当性和对民族生活实践的吸纳,以及能够把多元化的、仍然存在的、生动活泼的民事生活习惯输入进去,使我们的民法典成为民族公共生活的写真或者反映,而不是对既有传统的格式化和消除。

再次,民法典的文明负担与合题的取向。民法典的立法,包括我们的宪法典在改革开放以来法典化与修正的进程,表明我们对20世纪的革命激进主义进行了规范化的转化和对冲,构成一个我们逐渐定型的新的政治经济秩序。文明高于立法这种共识或概念通常很难在部门法内部的学者或者立法的讨论当中被意识到和觉察到。

优良立法是对文明传统及其实践理性的尊重和模仿,而不能是对民族共同生活传统及其文明的颠覆、篡改以及格式化,要坚持一种有限理性下的有限的建构论,为经验和演化留下一个空间。我们要把这样一种判断权和确定权留给民意,留给民主的过程,而不能由学者想当然,也不能由政治家进行一个拍脑袋决策。

最后,对在中国民法典以及一般立法当中的法史传统复兴与扩展提出希望。

石佳友:我报告的题目是"法律史与民法典:波塔利斯、法哲学与拿破仑法典"。首先,法典化和法律史的问题,集中体现在波塔利斯作为立法主要起草者1801年发表的《关于民法典草案的说明》,这在立法史中是非常独到的研究。

第一,法典的民族性。波氏受孟德斯鸠影响很深,他说人受气候、宗教、法律、施政准则,先例、习俗、风尚等方面制约,法典要基于民族的风俗、人情和条件而进行,以使其在未来成为"理性的典章"。法律必须要适应人民的特征习惯,最好的法律是最适合该民族的法律。只有在极特殊的情况下，一个民族的法律才可能适应另外一个民族。

第二，家庭的极端重要性："国家的苗圃"及"良好品性的圣殿"。《拿破仑民法典》第一次将家庭写进民法当中，波塔利斯个人的观点起到很大的作用。在他看来，因为社会的良好秩序取决于家庭稳定，因为社会绝不是由孤立的和分散的个人组成，而是由所有家庭结合，家庭是独特的小社会。家庭与社会团结，这里面是夫权和父权的关系，相比大革命的立法。《拿破仑法典》在家庭领域是倒退的，但是在家庭和社会的关联程度的认识上是极其深刻的。

第三，法典的开放性，"要特别警惕规定一切和预见一切的危险企图"，主要表现在对法典之外其他法律渊源的开放性。这些法律渊源主要有判例、习惯、学理、道德和宗教等，由此强调法典的开放性，必须反对成文法中心主义。一部法典不能被视为"以先知的方式"为民族预告了全部永恒的真理"，法典体现的仅是最高的智慧权威，法典必须规定在一个社会漫长的演变过程当中所形成的习俗和惯例，法律应该随着社会的前进动态发展。另外这也体现了对法官的信任。

第四，法典的行文风格与实用性："区分法学和立法是明智的"。法典化的目标是法律的简化，就文风来说应该简约、朴实，法律不应该让大家难以琢磨。法典要经常区分出可能和有必要向一切人解释清楚的东西和必须严谨的东西。

第五，法典化的节制精神，"不可制定无用的法律，它们会损坏那些必要的法律"。理性是对于过度的避免和立法的谦卑与节制。我认为法典化的智慧就是一种节制的谦卑，立法者的理性是避免过度行为，法典不能是抽象理论建构，而是要适用所有人的具体规则。从这个意义上来讲法典起草者如果意识到这个，必然会采取这样的精神。

结语部分我提出政治意志与民法典工程的关系。波塔利斯说，"民法典是在政治性的法律指导下进行的，它必要与政治性法律之相适应"。民法典与政治因素之间仍然保持着微妙的隔离，二者之间有一定的相对独立性。政治性的指导和介入对于民法典是非常必要和有益的，因为它能赋予民法典以政治合法性；但是，政治意志过分强势的主导甚至直接决定民法典的内容，则是有害的。

马小红：孟德斯鸠说法的语言一定要让大多数人能懂。民法尤其如此，因为民法最贴近老百姓的切实生活。这让我想到中国古代，就是一个文盲也一定会懂得礼，也许就是孟德斯鸠说的这个道理。现在的民法的表达、宣传似乎与社会现实就不那么相匹配。我不了解西方是不是如此，但出自西方学理的法言法语与社会真是有隔膜的，不知道他们是如何实践孟德斯鸠理论的。

近代以来的中国更是如此,不是学习法学出身的人对这些法言法语很难理解。中国古代律的语言非常精确,因为关系到人命。但律的宣传也是非常普及,每年冬季的乡饮酒礼就有读律的内容。当然,反思现代法律与社会的隔膜,法律史研究的滞后确实有责。

1979年以来我看到民法、刑法、行政法教材确实与时俱进,而法律史的教材与30年前几乎没有大的改变。刚才几位老师都提出了传统和现实的连接问题,这确实很重要,就是立法如何能照顾到历史传承,使社会生活与民法能协调,而不是隔阂。

张中秋:今天我谈的话题是人格权在传统中国的法理依据与哲学根源。我不是民法学者,但我从法和法典都必须以法理为依据这个基本事实和认识出发,认为人格权法在中国民法典中是否独立成编,可以说是有很深厚的法理依据和哲学根源的。首先,王利明教授提到现代民法的人文价值追求,这是现实的根据,但还需要更充分的讨论。其次,民法学者是否意识到,这是和传统中国法中固有的道德人文价值传统相契合的,这是历史的根据,亦需要详细的讨论。

我在此只能提出一个概括性的看法。传统中国法固有的人文价值传统是万物人为贵的道德人文传统,亦即《唐律疏议·名例》所说的:"夫三才肇位,万象斯分。禀气含灵,人为称首"和"德礼为政教之本,刑罚为政教之用"这两者的统一。这两者合起来,构成传统中国法中固有的道德人文价值传统,即人的自然生命价值平等,人的精神生命价值不等。法律既依据人的自然生命价值的同等,又依据人的精神生命价值的高低不等,来分配权利义务和定罪量刑。

譬如,人生来是一样的,亦即人的自然生命有同等价值,这是天理。所以,法律首先依据这个理而规定,人命关天,杀人者死、伤人者刑,不分高低,这可以说是一种基本的概括性的合理正义观。然后,在实践中又是如何来理解和解释这样的正义观呢?实际根据具体和特定的情境,如人生来是一样的,但后来发展不一样,集中表现为人的德和能的不同,亦即人的精神生命和社会生命的价值有差别,这是实际的理或者说理的现实。

所以,法律又依据人的精神生命和社会生命价值的高低这个理,来分配权利义务和定罪量刑,高者高,低者低,等者同等,不等者不等。这样,法律在理的这个支点上又形成了可上下移动的阶梯结构,其结果即是我们所看到的礼法合一的差序结构。因此,我把这样的正义观又称为动态的合理正义观。这可以说是人的主体性和精神价值在传统中国法上具有崇高地位的法理依据。

这个法理依据背后的哲学是道,或者说理气统一的世界观。传统中国的主流哲学,亦即基本的世界观是道的世界观,道的世界观在宋及以后就是理学世界观;理学世界观实际上是理气相统一的世界观,亦即理中有气、气中有理,世界是理气的统一体。在理气统一的世界观中,精神性的理是第一位的,谓之形而上;而物质性的气是第二位的,谓之形而下。虽然理气在形成上不分先后,但在位阶上却有上下高低之分,亦即在这个世界观的价值链中,形而上的理高于形而下的气,这意味着精神性(的社会生命)高于物质性(的自然生命)。

所以,人格权法在中国民法典中独立成编,并不是为特色而特色,而是与传统中国人的世界观,特别是与至今仍有这种世界观(百姓只是日用而不知)的中国人的观念相契合的,是深深植根于中国法律传统之中的。

蒋传光:我对习惯对国家法的意义以及国外习惯进入国家法的情况等作了考察和梳理,给大家汇报一下。我的核心观点主要是以下方面:

通过考察梳理具有代表性的国家和地区以及我国近代以来民事立法,可以发现无论是大陆法系还是英美法系,习惯都经历过从相对分散的地方习惯法向较为统一、规范的法律系统转变的同一过程。这种较为统一、规范的法律体系的表现形式不但包括了法典形式,也包括了判例汇编的形式。在这种法律多样化形式的背后,体现了法律的产生必须以客观事实为基础,以事物的必然性为依据的立法规律。民事习惯入法的历史历程,以及现今习惯在立法和司法中地位和价值,对我们重视和加强民事习惯的研究,思考民事习惯对我国国家法的法源意义有一定的借鉴和参考。

1. 当代立法应把习惯作为国家法的法源

其理由在于:

第一,习惯体现了文化的亲缘性。这种亲缘性表现为习惯是长期自发形成的,具有文化的同构性;习惯容易获得民间以及本民族的认同感,有以习惯为基础的法律容易为社会公众所自觉遵守,可以有效降低法律运行成本。

第二,习惯可以弥补法律存在的漏洞。法律具有滞后性和概括性的特点,习惯的存在,可以有效地弥补国家法在规范社会秩序时的不足。通过确认习惯的法源地位,在国家法缺失的地方,民间习惯可以发挥补救的功能。

2. 当代立法应重视习惯的调查

在我国现有法律制度体系中,虽然没有明确习惯的正式法律渊源地位,但习惯入法在我国立法中也有体现。如在民商事法律中有一些关于习惯的规定,如在我国《合同法》里,有很多关于"交易习惯"的条文。为此,可以借鉴日本的国会图书馆及所属调查和立法考查局的经验,成立专门的立法调查机构,对民间和民族习惯进行深入细致的调查,并对习惯调查结果进行整理、统计和提炼,为全国人大立法提供参考意见。

3. 构建民商事法律关系中的习惯规则确认程序

首先,要明确习惯认定的要件。在民国初期,就曾通过民事审判判例确立习惯法的成立要件。当下我国完全可以继承民国时期的做法,在民商事领域形成民事习惯的认定要件。

其次,设立民商事法律习惯确认程序。我国台湾地区现今的法律体系中关于习惯在司法程序上的确认,也基本延续了民国时期程序认定的相关特性。我国台湾地区确认习惯法的做法,祖国大陆也可以借鉴。

金欣:各位老师大家好,因为徐老师不能来,所以我把论文的大体内容报告一下。

徐老师的文章主要讨论我国《民法总则》的制定,他讲了四个问题,我就分别介绍他提出的四个问题,同时也总结一下他对每个问题的观点。文章还给出了一些比较法的专业背景。

第一,关于大总则和小总则的问题。徐老师主编的《绿色民法典草案》没有总则,因为他认为民法中能提取的"公因式"有限,用总则涵括整个民法难度非常大,因为人法和物法的理路极为不同。接下来徐教授引用了中层理论,他说一些国家民法当中没有大总则,只有小总则。徐教授的建议是民法典编纂应缩小大总则规模,应把无法涵括全部法典的制度放在小总则(二级总则)之中。

第二,澄清了自然人和法人的概念。学界对自然人的定义莫衷一是,历史上对法人的定义也很复杂,但事实上自然人的产生是由于观念人概念和法人概念倒逼出来的,是构造出来的一种具有权利意识的主体。法人是主体属性下与自然人对偶的剩余概念,立法者把他们愿意赋予主体资格的、不是自然人的团体或目的性财产都称为法人。

第三,用公民概念代替自然人的概念。

首先,自然人的概念抽象,不容易理解。

其次,民法的身份性,或者说民事权利的享有是以政治共同体为边界的。

再次,公民身份的不同,享受的权利也不同。

最后,徐教授认为公民下子身份也会影响公民的权利能力。他主张多用公民概念,承认民法赋予大多人的并非人权而是公民权,也要承认公民权利的不同一性或不平等性。

第四,关于"两户"(个体工商户和农村承包经营户)的问题。民法上家庭的另一个称呼就是"户",在我国公法和私法中,户都被作为法律关系的主体。户的法律概念存在一些问题,比如个体工商户这个概念本身徐教授认为就是自相矛盾的:名为户,其实是个人的。所以他的建议只把户的概念建立在血缘关系的基础上,消除名为户,实为个人的规定,并建立户的成员相互关系的规则。

姜栋:我就着往下说,用普通人的逻辑分析来看,第一,中国的民法典编纂,我们首先要承认这不是一个东方的概念,是一个舶来品。第二,这个舶来品跟我们传统之间有一个断裂。如果我们从传统或者国情能找出一些东西对于编纂是不可替代的,相信今天这个讨论环节会有极大的意义;如果找不出来,某种程度上它们作为惯性已经融入当下,成为了国情当中的一部分,不是单纯意义上的所说的传统。而就在这个探寻和追问的过程中,我们其实是在为当下的中国达成一个共识,一个有关于传统与现代、新与旧如何有机融洽在我们的生活中的共识。

另外,我们都是学法律的,我们能找出多少是传统上的生活问题?能找出多少传统上的法律问题?更简单来想,我们有更多的传统上的法律意识直接地被现在的民法典所借鉴，这是更加直接的一个问题。我第一个想到的是"户"的问题，在一种程度上来说我们对传统的借鉴并不是真正意义上的形神兼备，形就是户的概念，神就是概念背后的价值观念。

中国古代传统的户的一个更为重要的含义，是中国古代传统治理上义务的主体，是一个税负、徭役等的充当。随着农村农业税的取消，户在历史上所承担的那点功能基本上消除了，更多的是当代意义上的权利主体。我们确实继承了户这个概念，但是并没有完全继承户本身在传统法律承担的全部理念。

我用普通人的思维把讨论民法典的编纂分成事前和事后。民法典编纂之前讨论两个问题：第一，我们通过什么样的价值作为精神内涵把民法典串起来；第二，具体的技术性问题，关于规范等。在这两个范围之内，第一有哪些价值必须借鉴传统？如果不借鉴传统，民法典在中国就很难充分发挥。我首先想到的是"信"，这个问题中西方都在讲，可能从功能主义来讲，中西方的信是一样的，也是一个形式的问题。

事后的问题是解释，因为民法典适用要解释和分析。在这种情况之下，人类在思维方式上具有一定的一致性，比如三段论,恐怕比较难抽象出比西方更为精用所谓的法律解释的规则。我觉得从事前和事后,规范的编纂过程和规范的适用过程,我们可以这样一点点儿挖掘出到底有多少中国传统法律文化和传统是适用的。

我们应该有针对性地找出,能够和民法典编纂极为切合、紧密相连的传统中国法上的资源,可能会使我们的法律这种地方性知识更进一步,不是概念化的东西,而是实实在在的一种法律体系。我们现在要做的是能不能有一个更加清晰的思路,整理出在民法典的编纂过程中传统的法律文化有哪些因素是原则性的,哪些是技术性的。在这里彰显中国传统法律文化的当代价值,也为通过民法典的编纂凝聚共识提供一个传统因素。

张中秋:我觉得姜栋的核心问题聚焦在习惯、传统和价值观上,这是综合的问题。传统、国情、价值观、习惯都不能作静止的理解,它们是动态的。这样一来,我觉得反映在民法典当中各种各样的习惯、传统、价值观以动态的形式来看,正是现实国情。

回顾与反思

邓建鹏:我今天发言的题目叫"法律史研究对民法典编

纂的意义"。

首先，我要谈的是对中国民事法律制度的简要的反思。从清末以来，中国现行的民事法律制度基本上沿用西方，但是它的原则和具体条文与现在的中国国情一直有很大的差异。另外，在新中国建立初期的时候由于受政治上的需要影响，现行的一些民事法律制度并不能很好地基于社会的变化自身作出调整。

其次，我想至少部分民法学家对中国现实的了解是非常有限的。在一百年前，中国政府曾经做过民事习惯的广泛调研，以便为当时的民事立法作准备。但是在近二三十年来，民法学家很少有这样的理念和尝试。

再次，现在的民事法律制度的制定，尤其是涉及土地方面的民事法律，其实深受几十年前政治意识形态的影响。时人对历史的认识存在巨大的偏见，这导致其结论并不完全是正确的，进而影响民事立法以及将来的民法典编纂。

但是，受制于新中国建立初期关于中国古代是"万恶"的私有制这一政治意识形态影响，各种中国民法史的著作，对民事法律尤其是土地制度的叙述，都沿用了政治叙事的要求。如果我们作的民法史的研究或者法制史研究都是因为过分受政治意识形态的支配，我们作的法律史研究跟当时历史的真实真的有很大的距离，在这种状况之下完成的研究成果,民法学家有必要去看吗？或者看了之后会不会被误导？

如果要编纂一部对中国公民权利真正有意义的民法典,让民法典成为天下之公器,我有如下建议和思考：

第一,法律史的研究要超越政治意识形态、信仰和不切实际的理念,研究真实的民事法史。一旦存在前述情况的干扰,我们民事法史的研究可能会偏离历史的真实,误导民法学家对历史以及现实的理解,最后出现严重偏差。

第二,民法典的编纂应具有切实的中国情怀,我们没有必要刻意追求所谓世界上一部最先进的法典。所谓的世界最先进并不是一个最适合的,我想一部最合适的民法典更重要。

最后,最合适的民法典必须回应中国的现实问题。学者在研究的时候,很可能会说德国怎么做的,或者法国怎么做的,但是最核心的是我们中国的实践目前是怎么做的。这样的民法典有必要对现实作一些前瞻性的制度安排。

胡水君：中国民法典的编纂从法律史研究那里能获得怎样的启示？我想从四个方面作展开。

一是法典制定的现实背景。中国法治目前处在传统、现代与现实之间,这三个方面都需要处理好。中国的法治建设，直接推动力在改革开放；改革开放对于法治建设，既可说是基本背景，也可说是坚强的意识形态。接续传统，深化现代，协调社会中的反传统、反现代性、反改革开放的话语，都要靠改革开放。沿着改革开放往前看，中国的发展目标是要在本世纪中叶"基本实现现代化"。编纂民法典，应该放在这样一种现代化、全球化的背景下作长远筹划。

二是法典制定的学理基础。讲现代化需要特别留意现代性。所谓近代或现代，其标志在于独立法律体系、独立司法体系、独立法律知识体系以及独立法律职业群体的出现。这些在改革开放以来的中国法律界有越来越多的显现。

三是法典制定的基本观念。法律现代性除了自治体系之外，还有一个特点，就是现代法主要表现为形式体系，越来越成为一种形式。在法理学中，关于法律与自由、法律与社会发展之间的关系，存在针锋相对的观点。有人认为法律制约自由、限制文明，有人则认为法律保障自由、促进文明。这些看法与法律的性质有关。在性质上，现代法有不同传统社会的法律的特质。这集中表现在，现代法主要成为抽象的普遍形式或规则，而不再是受到实质理论主导的规定。

四是法典制定的传统衔接。传统文化自"冷战"结束以来逐渐出现出复兴态势。法治建设在中国看上去也有一个文化传统维度。中国的建设和发展究竟该怎样讲传统？传统在现代的生发大致存在三种情形：

一是难以再被接受的传统形式或民族形式，如君主政制、纲常礼制等。

二是仍可能作为选择的传统形式或民族形式，如治理方法、建筑式样等。

三是既与传统体系相容，也与现代体系不矛盾的道体或心体。

从后两方面看，民法典与文化传统宜有所区分，采取先分后合的路径。也就是，民法典宜有一个道德、宗教、民俗、学理等的外围，公民在民法典与这些外围之间可自由出入，既可选择民法典的行为方式，也可在法律容许的条件下自由选择民法典之外的行为方式。就民法典与其外围的这种格局看，民法典编纂可考虑通过一些措辞，为司法官在法律与道德、习俗、学理等之间边缘地带处理实际问题留出足够裁量空间。

顾文斌：民法典的编纂应该从法史借鉴什么，我从法律史角度结合《民法典总则》（草案）的具体条文来分析。

第一，传统民法有一个理念，即调整分为家内和家外。上午有老师提到传统的民事规则在家里用的是一种不平等的规则来实现平等的价值,是用一种失衡的结果来追求平衡的结果。我们民法的平等原则是民事主体一律平等,但是这里的平等有一个问题:家庭之内和家庭之外是不是一定能做到平等?这确实值得我们思考。能否把平等原则理解为在法律人格上的平等?也就是说我们不在具体的权利和义务里去理解。

第二,如果把已经发生的都作为我们研究的对象,站在这个角度,平等是民法调整之前还是调整之后的平等,这是学术界已经争论很多年,我们能不能不谈他的平等而谈法律资格人格的平等?这样我们能够回避一些问题。公序良俗也是我们传统民法当中一直存在的,这就涉及"俗"的问题,需要提供界定机制。

第三,价值追求,因为传统法我们强调情与法的统一,这里有权利和义务的对等,也要符合大家通常的理解或者认同。制定法律规则的时候要合乎我们的天理和人情,不能仅从规则、价值上判断,这是谈到传统民法在具体的条文中的运用问题。

黄东海:我有两点疑问:相对宏观的是,法史和法律文化研究以何种方式进入和影响民法典?而微观一点的是,我们刚才说了很多习惯或者文化上的东西,我反问一下:如果这些民事习惯都进入了民法典,那它还能算是习惯或者习俗吗？

我曾提出："情、理、法"实际上是不同社会规则层次。首先看"情"，很多动物社会学家研究发现，许多动物也有移情，因此会产生约束其行为的社会规范心理。"情"是一个已经内化的社会规则的本能反应：不需要思考，就知道该怎么做，我认为这是一个层次。但根据"情"来约束行为不需要懂法理。"理"是人们主观努力试图总结和把握社会交往中应该怎么做的规则。这个层次，是通过思维逻辑推导出来的一定规则。而第三个层次的"法"是最麻烦的，因为这是人类有意识、强制性地干预社会生活的规则层次，但是我很可能感情上不认同，"法不容情"。我的"情"没办法引导我往那个方向走，但不得不已，因为有"法"。

在"情、理、法"的层次，我认为只有外显的、强制性的规则安排才有资格进入法律，而不是我们说的习俗、孝道等都应该进入民法典。张中秋老师上午提到的观点我非常赞同，"中国人很多东西是道德化的"，它内化于心、外化于形。但如果把我们的这点文化的东西（和别人所不一样的东西）看成是盐巴，已经完全化到水里去，还有必要再把它重新提纯出来、变成法典的条文吗？有一次，我儿子问我"文化是什么"，我说"我也不知道"。我想到了一个例子："你跟我姓、你没有跟你妈姓，这就是文化。"但这类社会文化规则要不要进入民法典的条文？具体到"儿子跟老子姓"的规则，我觉得没有必要。那么，别的习惯、习俗呢？

王轶：什么样的规则才能够进入民法典？人们经常会拿德国民法典作比较，像北大法学院的魏老师强调德国民法典总体是以民事权利尤其是以请求权为核心完成整个民法典的体系构造；中国的民事立法不要以民事权利请求和体系为核心构造民法典，以民事权利、民事义务、民事责任为核心。我们的民事权利、民事义务有一些是不相关的，比如有一种类型的规范我叫做倡导型规范，不采用只是会自担风险。像我国《合同法》158条第1、2款还有关于所谓的通知义务。立法上面类似这样一些规则的确不是以诉讼为核心进行考虑的，在这样的背景下可能为进入民法典法律条文的资格开辟了一个跟德国不一样的通道。

张生：我报告的题目是"民国民法的编纂：从会通中西到比较立法"，主旨是反思民国民法的缺陷，从以下三个方面来展开讨论。

第一，清末民国时期的文化价值，经历了从"中体西用"到"会通中西"的变化。"中体西用"强调的是以本国固有文化为根本，对西方先进文化我们能用的就采用，以西方文化来"补救"中国文化；"会通中西"学说，就变成了中国文化和西方文化两者同等重要，无主次之分。可以看到，在中国人的认识里，传统文化的地位在下降，越来越认识到西方文化对于实现富强、现代化的重要性，中国传统文化因缺少"有效性"而越来越被忽视。

第二，"会通中西"是民国民法编纂的指导思想，也是一个非常美好的立法理想；这个立法理想在法典编纂的过程中，在转换为具体的技术路线时，又退化成了"比较立法"：中国固有法基本被抛弃，对欧陆各国民法的比较与选择成了民法编纂的主要工作。南京国民政府立法院当时任命了五位民法起草委员，符合"会通中西"的要求。从形式上来看，代表中国固有文化的是两位委员，代表西方文化的是两位委员，双方完全对等；民法起草委员会的主任傅秉常似乎既了解西方又了解中国。但是民法典是一个形式理性的逻辑体系，写入民法典的条文需要符合整体的民法理论和逻辑体系的一致性。通过傅秉常的回忆能看到，代表固有文化的两位委员渐渐地丧失了发言权，代表西方文化的两位委员，不懂民法学的委员也渐归沉默。只有史尚宽成为绝大多数民法条文的撰写者。代表固有文化的林彬曾与史尚宽有过争议，试图以固有法来辩驳史的外国民法，但最终还是史尚宽取得了压倒性胜利。

林彬主张固有法写入民法典，他用以支持固有法的是民国北洋政府时期所进行的民事习惯调查资料，以及民初大理院在民事裁判中运用民事习惯所形成的民事判例与解释例。林彬以社会现实需要与这些经验的材料为依据，主张对固有法进行加工、提取，与继受法会通一体。

但是我们能看到，固有法极其分散。一方面是法律渊源分散，法典用一个条文表达的规范内容，对应的固有法多种形态，有固有制定法、有礼制、有多种习惯；另一方面，固有法的习惯、礼制、制定法往往不统一，各种规定对应各种具体情况，各种规定之间却存在矛盾。因此，当林彬与史尚宽发生争议的时候，绝大多数情况下都是回到"外国民法是怎样规定"。再加上时间紧迫，固有法的学术化统一非短时间能够实现。

在紧迫的立法时间表内，南京国民政府的各种调查资料，基本没有时间整理采用。短时间内的调查，其调查资料的质量也受到质疑。北洋政府时期的民事习惯调查和大理院判例解释例，同样难以细致甄别、选择。最终，民法是在1年的时间内起草完成的，23个月（1929年1月底到1930年12月底）完成了全部审议、颁布程序。之所以在如此短的时间内能够完成民法典，主要依赖的是史尚宽成熟的比较法知识，以及对固有法的割舍。

第三，民国民法典对少数固有法的采纳，也是通过比较法来实现的，完全符合民法典的"继受法体系"。史尚宽在

《民法总论》中对于固有法和继受法有过简单的界定:"固有法者,其社会生活发达之结果,以应地而生之规范为内容之法律也。继受法者,继受外来法律之谓也。"固有法也有学者称其为"本土法",在中国的表现形态包括既有的制定法(如户部则例、现行律民事有效部分等)、礼制(对不同身份的人的行为规范)、风俗规约(近代翻译仿效日本的"惯习""旧惯",而有我国"习惯"的称谓)等。

民国民法中最终采纳了多少固有法?吴经熊认为民国民法95%的条文继受于外国民法,由此可以简单推断出:剩余5%的条文或许来源于中国固有法。梅仲协也大体认为,民国民法为"混合继受"之产物,可谓萃取了各国民法的精华,其中几乎没有中国固有法。如果按照"概念与规范"的单位来进行检索,我们可以从民国民法中发现有30多处"习惯"的规定,有60多个条文与固有法有着形式的渊源关系。

30多处"习惯"的规定,其中民法典第1条和第2条是原则性规定,既明确了"习惯"是可选择的、补充性的,又受到"公序良俗"的限制。民国民法典严格区分了"习惯"和"习惯法",并把民初大理院关于习惯法成立的四个条件,作为"习惯"转化成为"习惯法"的限制。如此规定,其规范功能非常明确:习惯仅仅是一种法律事实,如果具有法的效力，必须经过"确认"，而不是私人可以自治的。其他具体有关"习惯"的规定，都受到一般规定的限制，并且通过法律条文的比较，我们可以发现这些"习惯"都有外国民法的来源，不是来自中国固有习惯，只有在裁判中被确认可以适用的情况下，才有可能导入地方习惯。因此，这些"习惯"不能直接视为中国的固有法。其直接来源是外国民法，只是在限定的条件下，可以导入本土习惯的适用。

当下编纂民法典也是在政府立法计划的框架下完成，立法时间表也不允许法律家去回过头去对固有法进行梳理、总结，但当下的民法编纂至少应该不要误读固有法。可以在民法中给固有法留下嵌入的空间，让司法实践和学术探讨慢慢积累，逐渐形成对固有法的学术总结和现实转化。

谢冬慧：我的文章从社会变迁的背景和政法精英的贡献两个方面考察了民国民法典的编纂及其对当下民法典所带来的启示。文章分为三个部分：

第一，二十余年的社会变迁铸就了民法典的生存环境。

首先，政治环境为民法典编纂提供了宏观视野。晚清的中国内忧外患，社会各界、朝野各方，纷纷从理论上提出不同的政治和法律方案，特别是清末变法所建立的近代法律体系，构成了近代法治社会的基本框架。其中《大清民律草案》为民国民法典奠定了雏形和基础。1927年4月南京国民政府成立基本上实现了政治统一。政治统一必然带来了法制的统一,民法典的编纂顺应了当时的现实需求。

其次,经济状况为民法典编纂设定了微观条件。民国前二十年,政治、经济都处在极不稳定的环境,由此引发社会矛盾尤其是民事纠纷,为了政治、经济的稳定发展,必须制定法理精湛、体系完备及内容精准的民法典。

再次是思想文化对民法典编纂产生的重大影响。清末民初,这种社会本位的立法原则随着西学的思潮传入中国,对民国民法的制定和民法典的编纂产生了重要的影响。它与当时中国固有的思想观念和国情相融合,成了整个民国时期民法草案的制定的总的立法原则。

第二,饱经沧桑的政法精英,缔造了民法典的帝国大厦。由于民法典作为经过系统化、专业化、学术化和法律化的产物,它离不开政界、法学界诸多精英的专业知识和技能。事实上,民国时期,众多的政法精英投身到了法律建设事业,正是他们的贡献,才缔造了民法典这座法律的帝国大厦。他们的作用表现在两个方面,一是政治思想主张的引领作用,二是法典编纂的技术专业指导。

第三,经年累月的历史考验,赋予了民法典的当下情怀。民国民法典是民国时期民法水平较高的法典,在民国中后期的社会生活当中,发挥了非常重要的作用。回首民

国民法典的编纂及其实践,结合当下的民法典编纂,我作了一些思考,主要有四个方面:

其一,需要经过历史的积淀。

其二,需要政法精英的主持。

其三,需要施行法律的配套。

其四,需要创新元素的加入。

姚中秋:我的发言题目是"中华民族伟大复兴大势中之民法典"。

第一,制定民法典的目的是什么?

回顾一下过去一百多年来关于民法典的历次争论,包括这一次参与民法典制定的学者或立法者的论述,我们都能看到一个比较强烈的表述,那就是现代化。清末民初最明显,要建立一个现代社会和国家秩序,所以需要引入西方的现代法律。在此,就有一个价值判断:中国固有法律维持的是陈旧、落后的社会秩序,我们现在失败了,所以必须抛弃它,以外来的现代的法律为主。同时,我们也能看到另外一种诉求,即确认现实。我们有一个现实需要通过形式化的法律体系确认下来,维持比较稳定的秩序。

在这两者之外,民法典能不能承担起传承中华文明的责任,或者至少能够部分地设定这样一个宗旨?我认为,今天,当我们在制定民法典时,需要有对时势或者历史事实的敏锐把握和清醒认识。最简单的事实是,经过20世纪的努力,中国已经富强,中华文明重新焕发了自己的生命力,这个时候,我们制定民法典,心态、取向恐怕需要调整。

第二,谁来制定民法典?

在我看来,中国现代民事立法最为清晰地呈现了精英与大众之分裂甚至敌对。如何让法律真正切入生活,引导人们过上美好生活,塑造良好社会秩序?只有一个办法,那就是,法律要从生活当中来。法律怎么从生活当中来?这个问题比较复杂。我曾研究过普通法,习惯不是法律,需要具有技艺理性的法律人对其按照程序进行加工,才能成为一个common law。而我们法学界、司法界在过去一百年中,从来没有做过这个工作。所以,尽管习惯非常丰富,但无从成为法律。

制定中国的民法典,需要把中国人的生活转换为法律,中国法学界的这类知识是严重欠缺的。这样的缺环怎么能够补上,是一个很大的问题。我只能说,法学界需要一个转向,从外在立场转回内在立场,认真对待中国人的生活,从生活当中去发现、加工抽象的、普遍的法律。但是,这个工作多长时间能完成?跟我们现在很紧迫的立法的日程表能不能对上?不乐观。从这个意义上说,当下开启民法典制定,失之于匆忙。

第三，民法典的基本价值是什么？

我认为，恐怕是仁。子曰："夫仁者，己欲立而立人，己欲达而达人。能近取譬，可谓仁之方也已。"孔子发明仁，并塑造了中国人，仁贯穿于传统中国法律、制度。今天中国人仍然以仁为贵。这就是中国价值，因而可以穿越民族、宗教、地区之别，而联络所有人为一体。

好的民法就是生活之表达，那么，中国人的生活是什么样的？中国人的观念是什么样子的？仁是根本。今天，仁还在发挥作用。更重要的是，这种价值是美好的、普适的。因此，民法理应立足于此。从这个意义上说，民法需一次儒家化过程。历史上已有过此过程，秦汉律之儒家化。过去百年，追求现代化的中国法律偏离这一价值，今日恐怕需要一个反向过程。

第四，民事法律的形态是什么？

传统中国有刑律，源远流长；但是始终没有制定民律，规范人们的日常生活。一个基本事实是，中国本身太多元了，让民法典面临不少技术上的困难。比如，中国不同于民法典体系发达的民族国家如法国、德国，本身就不是一个民族国家，而是一个文明共同体，内部高度多样。同时，中华法系拒绝制定民法典，还有更深层的原因。西方人信神，而神的话就是法律，这塑造了西方人的法律观念。中国人的思考方式不同,中国人敬天、重生生之易,肯定变动,肯定多样,试图用一部法典规范所有人是不理性的。

因此,尽管现在已经开始制定民法典,我仍然要问:我们有必要制定民法典吗?我认为,中国民法典也应当有自己的风格。比如,对于中国民法典来说,也许最重要的部分在总则或是序言。具体的细密规则,有很多在现实当中注定没有太多用处。民法典立法者若能意识到这一点,那应当把重点放在基本原则的阐明上。比如,在总则中写明仁、孝,突出家的价值,等等。

第五,究竟取法何处?

中国民法典必须体现中国文化精神,但我并不反对学习。问题是学习什么。整个20世纪,中国人制定民法典,基本是学德国民法典,但这是最优的选择吗?前面所说的所有思考,可概括为一句话,我们的法律家,包括我们的法学学者和立法者,在当下这次民法典的编纂过程当中,特别需要文化自觉。一百年前制定民法典时,似乎有一个反向的文明自觉,立法家希望中国走出自身文明。今天我们恐怕需要有一个返回的意识。

重要的是,中国法学需要一次立场转换,从外在立场转向内在,也即,法律家从文明内部来思考立法,进行知识构造,而不是站到外面,对文明进行批判和改造。必须从观念上、实践上重构法律与文明的关系:法律必须,且只应滋养文明,不能多一点点,也不应少一点点。最后我想说的是,如果立法者群体没有文化自觉,那暂时不要立法,让文明自我调适、生长。最好的法律是滋养文明,如果法律做不到这一点,还不如不要法律。

孙明春:近代以来,在中国大地上确实进行过不止一次大规模的民事习惯的调查,这些调查因时代背景、实施主体、调查目的不同而导致其在表现形态、影响传播等方面也存在差异。我拟从调查目的这一角度出发将近代以来几次大规模的民事习惯调查分为立法型、司法型和统治型三种类型,下面分述其大致过程,并探讨其对当下的启示和意义。

第一种是立法型民事习惯调查,一次是清末为了制定《大清民律草案》,还有一次是南京国民政府为了制定《中华民国民法》。

第二种是司法型民事习惯的调查,一次是北洋政府时期进行的,还有一次是人民政府在陕甘宁边区开展的。

第三种类型是统治型民事习惯调查,主要说的是南满洲铁道株式会社为了服务日本侵华统治的需要而对中国北方广大农村地区开展的长达四十多年的社会调查,所以这个调查又可称为殖民型民事习惯调查。

以上是我对近代以来几次大规模民事习惯调查的分类和简述,下面再谈几点启示和思考。

第一,这些民事习惯调查体现了当时统治者或立法者调和"西法"和"中习"关系的一种自觉和努力。中国近代以来的法制现代化是在"西法东渐"背景下被迫开启的一次艰难转型,在不同时期重大民事立法启动前开展或同步开展大规模民事习惯调查,体现了统治者对自身固有习惯进行体认的文化自觉,并在此基础上不断调和"西法"与"中习"紧张关系的尝试和努力。

第二,近代以来几次大规模民事习惯调查积累了丰富翔实的文献资料。但新中国成立后,不论是学界还是司法行政部门对这些文献资料关注不多,即便有关注也基本集中在南京国民政府司法行政部编制的《民事习惯调查报告》。相比较而言,对其他时期民事习惯调查文献资料的研究和使用明显不够。

第三,重新思考习惯与法律的关系。近代以来,不少立法者和司法者都意识到了"移植来的西方法律"与"中国固有民事习惯"的矛盾和冲突,因此有了几次大规模的民事习惯调查,意图调和这种矛盾和冲突,但一般在开始时都轰轰烈烈,实际效果却差强人意。这一方面有时局动荡和急于获得列强认可的原因,也与自中国第一部民事立法就确立了"本律所未规定者,依习惯法;无习惯法者,依条理"的这种关于对习惯的认知套路有关。

姚中秋:我再说几句。第一,民法典当下的时代意义,这是一个大问题。一百年前制定民法典,我们从中华文明走出去,今天要走回来,无论是走出去还是走回来,一定要从理性出发,而不是从感情出发。第二,文明是一个动态、开放的概念,中华文明也不是单一不变的概念,汉唐时期的中华文明跟宋代以后的中华文明不完全一样,现在中华文明中的域外部分已经是我们的,而不是他人的。所以,我们要用动态的视野看待中华文明。

王轶:我觉得现在进行民法典编纂跟以前不一样,人们对其含义的理解和比较法上相关规则的作用都有相当大的区别,那个时候中国在诸多领域处在一个规则缺失的阶段。这次民法典编纂强调法律的比较分析是社会的比较分析,比较法的经验在中国语境下的正当性提高了专家的责任。德国法和法国法上有什么规定,我们常常要求持这样观点的讨论者承担论证责任。这一点能够让我们比较谨慎地对待所谓比较法上的经验。

到底是个人本位还是社会本位?这两者到底指的是什么?这个问题本来就争论不休,纯粹是解释选择问题,到底用这四个字制成什么样的法律?这次进行民法典编纂的过程中，包括民法学界也没有简单停留在这一块儿。我觉得我们要站在中国人的立场出发，去回答怎么对自然人进行定位，对自然人表达一种什么样的期待，怎么样表达我们中国人对人与人之间、人与社会之间、人与国家之间、人与自然之间的关系。

民法学界特别关注"家"在中国民法典当中的地位问题，而且中国"家"的观念跟西方很多国家和地区"家"的观念是不同的。西方是成年人之后才是家庭成员，而我们中国，人一出生就已经被抛到这个家里面，甚至胎儿的时候就已经抛到家里面。我们怎么通过家来组织人与人之间的关系以及人与社会的关系？我们不好简单地说是个人本位还是社会本位。

马小红：我有几个问题简要说一下。

一个关键词，民法"通则"改成"总则"，这一改变与清末、民国的民法体例接续上了。"总则"涉及的范围比较大，民法的各个领域。"通则"在《大清民律草案》中也有，设于"章"或"节"前，是一章一节，民国时期甚至设于款前。所以"通则"是民法中每一类事项的通行准则。通则所"通"的层次也不同，有章的"通则"，有节的"通则"，有款的"通则"。

另外一个关键词是"法例"，对应刚草成的《民法总则》

改成了"基本原则"。我感觉到"法例"或许更传统、更明晰、更专业一些。"基本原则"太泛了,而且时代的特征比较强,相应局限性也就比较大。说到历史局限性,我想,民法应该有历史、民族的角度,也有人类社会发展的角度,不必那么突出历史阶段的特色。就是中国古代的立法,也是"沿波讨源",汉律、唐律、清律等,不只是甚至不强调一朝一代之法,而是强调自有法以来法律发展的整体规律,无不是对人类有史以来法律发展进程整体进行总结的结果。

还有"条理""法理""习惯""习惯法""公序良俗"等。《大清民律草案》第一编第一章第1条是:"民事,本律所未规定者依习惯法,无习惯法者依条理。"《简易小六法》中民法第一编第一章第1条是"(法源)民事,法律所未规定者,依习惯;无习惯者,依法理。"新出的《民法总则》(草案)第10条规定:"处理民事纠纷,应当依照法律规定;法律没有规定的,可以适用习惯,但不得违背公序良俗。"应该注意,这里有些改变,《大清民律草案》说"依习惯法",民国时去掉了"法"字,说"依习惯",是不是在淡化习惯的约束力?如果一定要对两者的不同作一个区分,我认为"习惯法"说的是"礼","习惯"说的是"俗","五四"以来礼已经被批得体无完肤了。

《大清民律草案》规定"无习惯法者依条理",民国时规定"无习惯者依法理"。《民法总则》(草案)中则没有"依法理",我们是不是没有法理自信了？如果没有法理我们怎么去判断"公序良俗"？

另外,大家也都谈到历史借鉴问题。民法确与民生、与社会联系非常紧密,技术性又特别强。应该注意的是,清末制定了《大清民律草案》,未及实施,而民国初期也是被搁置的,《大清现行刑律》"民事有效部分"实际上是民国初期的民法。为什么？因为后者更贴近更适应中国社会。这是历史的借鉴,在制定民法典时我们应该注意不要重蹈历史覆辙。

这与前面所谈到的关键词"通则"有关系。"总则"需要关注的也许是不同法文明中民法的共同规律,而"通则"则需要关注民族特点和国情。大家都知道,清末制定民法是认真进行过习惯调查的,但这些调查材料被搁置了,没有用上多少,所以也有学者认为在近代世界联系越来越紧密的这样的状况下,不必要过于注重习惯的力量,民法要有导向性。

但不同的观点则认为,《大清民律草案》的搁置恰恰就是因为没有认真对待调查汇集的资料,与中国水土不服。清末修律时张之洞曾说到西方民法原理与中国国情的冲突,主要说的是平等、自由的价值观如何与中国社会相结合。张之洞也曾谈到自由、平等、权利等思想与三纲的冲突。张之洞的观点值得我们注意。

所以，读《大清民律草案》，比较突出的一个原则就是"诚实信用"。自由、平等等没有明确体现，我想当时的立法者是有思考的。在亲属关系、在家中，怎么讲自由，讲权利，讲平等，在清末都还是很难把握的。清末修律有一场"礼法之争"，学界的评价是法理派促进了中国法律的近代化。但百余年后来看这场争论，礼教派提出的一些问题同样从另一个方面促进了中西法文化的融合。刚才讲到"关键"词时，说到"总则"与"通则"。我想，"总则"应该是具有普遍意义的价值观，而"通则"应该注重民俗国情，是不是应该在普遍与特殊间作一个折衷。

《大清民律草案》有一点值得我们借鉴，我觉得看《大清民律草案》比看民国时的民法更容易理解其精神所在，为什么呢？因为每一条后面都有"理由"，说明章节条的宗旨所在。像胡水君教授所说的那样，中国的诗词大家觉得高深，但你掌握了格律就理解作诗作词的关键奥妙。民法的制定是不是也可以这样，就像通过格律理解诗词那样，有通俗易懂的几个原则，能使人们比较容易把握民法的要旨、民法的精神，以便遵守。

（《中法评·学术沙龙》编辑，2016年7月30日）

编后记

马小红

"民法典编纂与法史研究反思"研讨会于2016年的7月9日在中国人民大学法学院召开。早在2015年年底,姚中秋教授就提议开这样一个会议,目的一如他在序言中所言,"讨论法史学科如何将历史引入民法典,让民法典得以扎根于中国固有之法律传统"。原本定于4月份开的会一直拖到了7月。一是上半年确实是大学的"多事之春",不仅仅是送往的"毕业季"使这一时段特别忙碌,而且新生的录取也基本是在此时完成。迎来送往,哪一件事也怠慢不得。二是就会议的论题而言,似乎也很难确定。历史与民法的关系,学界即使有再多的不同见解,但起码的理论共识是不难寻求的。韩立余教授在闲聊时告诉我,人大法学院"暑假小学期"聘请的外籍专家,无论是讲英国法还是讲德国法,第一堂课,甚至第一句话都会是"我们国家现在的法律,是从历史中来的。"这句话所表达的观点不仅有大量的法学经典著作的支撑,而且也是西方法律发展的一个客观现实。尤其民法,其是一个国家和民族的性格体现。但这种共识,在中国民法发祥的特殊背景下却难以维持,因为中国的民法是清末修律时从仿效中来。如果泛泛而论传统之于民法的重要,想必也只能是纸上谈兵。

7月重启研讨会也归功于姚教授的坚持,经过不断的斟酌、协商,会议的主题定在了"民法典编纂与法史研究反思"上,参会学者都是有备而来。没有繁琐的形式,每位学者20分钟的发言,畅所欲言。自由讨论不限于一问一答,而是一问多答,甚至是几个回合的问答。这是学术的研讨,是不同观点的辩论(非争吵)。关于学者的观点和自由讨论各位读者在这本薄薄的小册子中可以看到,如果想更节约时间,也可以参考附于书后孙明春博士整理的会议综述和《中国法律评论》7月30日的微信推送《民法典编纂与法史研究反思》,不再赘言。

编写这本小册子而且出版的用意,有这样几点。一是研讨会结束后,编者不断收到各位同人、师友的反馈,希望更全面地了解这次研讨会各位学者的观点;作为会议的组织者也有责任将各位学者的学术贡献与学界共享。二是会前、会中、会后，姚教授反复言"在民法典编纂的过程中，法史学科若不发声，这门学科的存在确实值得质疑了。"如果把这句话单单理解为争取法史的话语权不免失于狭隘，因为研讨会的宗旨是在为民法典的编纂贡献绵薄之力。如果民法典能成就于今并经得住历史和发展的考验，也是当下法学研究者的幸事。三是许多年前，大约2010年北京市法学会中国法律文化研究会成立之初，志同道合的同仁就有一个想法，将学术研讨会真正办成探讨"学术问题"的会议，而不是形式重于内容的"八股会议"，这次会议也是坚持了这一原则。编者希望通过这本小册子，对愈演愈烈的形式主义进行抵御，哪怕这种抵御的作用微不足道。

最后，作为会议的组织者，要感谢北京市法学会、中国人民大学法学院、北京航空航天大学人文与社会科学高等研究院、弘道书院对本次会议举办给予的支持，感谢各位学者的光临和发言，感谢为会议付出大量精力的博士生李德嘉、孙明春、陈蔼婧、金欣，感谢速记员辛勤的劳动。

马小红

2016年仲秋